스테판카 세카니노바 글

체코 마사리코바 대학의 미술 학부에서 역사학을 전공했어요. 체코에서 기자로 일하다가 어린이 프로그램을 제작했어요. 현재는 어린 시절부터 꿈꾸어 온 작가가 되어서 아름다운 책에 둘러싸인 채 열심히 글을 쓰고 있어요. 우리나라에 번역된 책으로는 「진짜 여행보다 재미있는 여행」 시리즈가 있답니다.

제이쿱 첸클 그림

체코에서 태어났어요. 오스트라바 공과 대학에서 공부했지만 돌연 그래픽 디자인에 빠져들었어요. 다양한 스튜디오에서 6년간 그래픽 디자인과 삽화에 대한 기술을 터득했어요. 컴퓨터 앞에 앉아 있지 않을 때는 머리를 맑게 하기 위해 언덕에 가곤 해요.

공민희 옮김

부산외국어대학교에서 국어국문학을 전공하고 영국 노팅엄 트렌트 대학교 석사 과정에서 미술관과 박물관, 문화유산 관리를 공부했어요. 현재 번역 에이전시 엔터스코리아에서 출판 기획자 및 전문 번역가로 활동하고 있어요. 옮긴 책으로는 『명작이란 무엇인가』 『세계 대표 작가들이 들려주는 전설의 시작 마법사 이야기』 『무민과 소중한 물건』 『진정한 암스테르담을 만나는 로컬푸드 여행가이드』 등이 있어요.

황새 필립과 함께 떠나요!
진짜 여행보다 재미있는 세계 건축물 여행

스테판카 세카니노바 글 | 제이쿱 첸클 그림 | 공민희 옮김
처음 펴낸날 2018년 7월 25일 | 3쇄 펴낸날 2022년 5월 20일
펴낸이 박봉서 | 펴낸곳 ㈜크레용하우스 | 출판등록 제5-80호
주소 서울 광진구 천호대로 709-9 | 전화 (02)3436-1711 | 팩스 (02)3436-1410
홈페이지 www.crayonhouse.co.kr | 이메일 crayon@crayonhouse.co.kr

THE STORIES OF INTERESTING BUILDINGS
© Designed by B4U Publishing
member of Albatros Media Group
Author: Štěpánka Sekaninová
Illustrator: Jakup Cenkl
www.albatrosmedia.eu
All rights reserved.
Korean translation copyright © 2018 by CrayonHouse Co., Ltd.
Published by arrangement with Albatros Media a.s., Prague and Eric Yang Agency.

이 책의 한국어판 저작권은 EYA(Eric Yang Agency)를 통한
Albatros Media a.s. 사와의 독점 계약으로 ㈜크레용하우스가 소유합니다.
저작권법에 의하여 한국 내에서 보호를 받는 저작물이므로 무단 전재 및 복제를 금합니다.

ISBN 978-89-5547-578-4 74890

이 도서의 국립중앙도서관 출판시도서목록(CIP)은 서지정보유통지원시스템 홈페이지(http://seoji.nl.go.kr)와
국가자료공동목록시스템(http://www.nl.go.kr/kolisnet)에서 이용하실 수 있습니다.(CIP 제어번호: CIP2018020717)

황새 필립과 함께 떠나요!

진짜 여행보다 재미있는
세계 건축물 여행

스테판카 세카니노바 글 제이쿱 첸클 그림

크레용하우스

들어가는 말

딱, 딱, 이 소리가 들리나요? 황새 필립의 긴 부리가 내는 소리랍니다. 황새는 보통 인사할 때 부리를 부딪쳐서 소리를 내요. 하지만 필립은 짝꿍인 헬렌과 싸울 때 소리를 낸답니다. 헬렌은 필립과 함께 살고 있는 둥지가 마음에 들지 않았어요. 둘이 살기에 좁고 얕아서 몸이 다 들어가지 않았거든요. 헬렌 마음에 쏙 들기란 쉽지 않아요. 그래서 필립과 헬렌은 종종 말다툼을 벌였답니다. 필립이 둥지 짓는 법을 더 배워야 할까요?

어디를 제일 먼저 가 볼까?

똑똑한 친구

필립에게는 개구리 친구 립이 있어요. 립은 책을 많이 읽으며 세상 경험이 풍부해요. 올챙이 시절에 유명한 건축가의 집 인공 연못에 살면서 사람이 만든 것들에 관해 이것저것 배웠거든요.

여행을 떠나요!

필립은 립이 한참을 개굴거리며 재촉하자 립과 함께 세상을 돌아보기로 했어요. 세상에서 가장 오래되고, 가장 유명하고, 가장 훌륭한 건축물을 보러 떠날 거예요.

자, 출발!

여행을 떠나 볼까요? 개구리 립은 필립의 배낭에 들어가 안전띠를 단단히 맸어요. 여러분은 이 책을 한 장씩 넘겨 주세요. 아주 신기하고 재미있는 건축물과 만나게 될 거예요.

건축가는 무슨 일을 할까요?

건축가는 건물을 짓는 사람을 말해요. 아파트, 주택과 같은 건물을 비롯해 학교, 사무실, 극장도 짓는답니다. 건축가는 오랜 역사를 지닌 건물을 수리하는 일도 해요. 내부를 원래대로 유지하되 건물이 지닌 매력을 한층 더 돋보일 수 있도록 도와주는 일이지요.

건축물이란 무엇일까요?

건축물이란 우리가 들어갈 수 있는 공간을 이루는 모든 것을 말해요. 집, 교회, 다리, 계단, 기둥, 콜로네이드(지붕을 떠받치기 위해 일렬로 세운 돌기둥) 등이 건축물에 속해요. 그밖에 무엇이 건축물에 해당할까요?

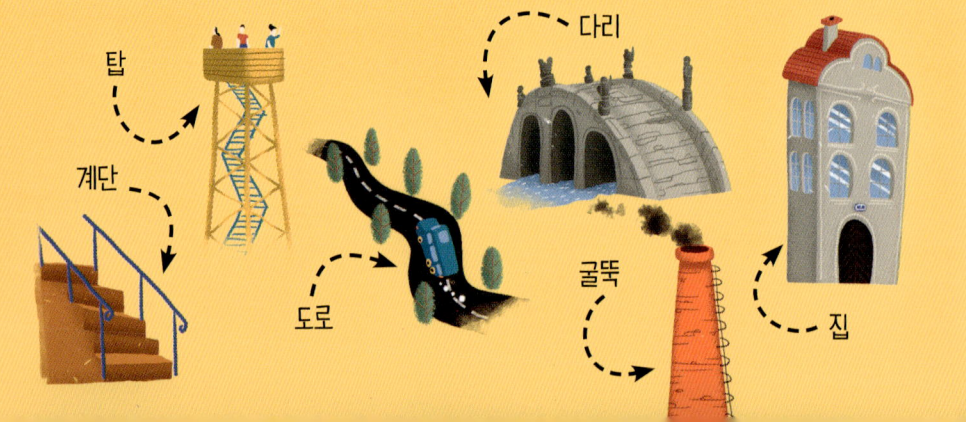

차 례

지금 출발할 거야. 같이 가자!

- 들어가는 말 ·· 2
- 헝가리 국회 의사당 ·· 4
- 에펠 탑 ·· 6
- 사그라다 파밀리아 성당 ···································· 8
- 아야 소피아 성당 ·· 10
- 헤라클레스의 탑 ·· 12
- 성 바실리 대성당 ·· 14
- 청수사 ·· 16
- 미국 국회 의사당 ·· 18
- 쾰른 대성당 ·· 20
- 콜로세움 ·· 22
- 독일 오페라 하우스 ·· 24
- 파르테논 신전 ·· 26
- 피라미드 ·· 28
- 오스페달레 델리 인노첸티 ···························· 30
- 성 베드로 대성당 ·· 32
- 자금성 ·· 34
- 알람브라 궁전 ·· 36
- 신기한 건물들 ·· 38
- 퐁피두센터 ·· 40
- 마추픽추 ·· 42
- 부르즈 할리파 ·· 44
- 노이슈반슈타인 성 ·· 46
- 호주 오페라 하우스 ·· 48
- 피사의 사탑 ·· 50
- 투겐타트 별장 ·· 52
- 66번 국도 ·· 54
- 타지마할 ·· 56
- 만리장성 ·· 58
- 폴링워터 ·· 60
- 골든게이트 교 ·· 62
- 여행을 마치며 ·· 64

헝가리 국회 의사당
부다페스트
1887~1904

다뉴브강 유역에 넓고 긴 모양으로 세워진 건축물이 있어요. 궁전같이 생겼는데 왕이나 황제가 살았던 곳일까요? 아니에요. 하지만 중요한 건축물인 건 분명해요. 이곳은 헝가리 국회 의사당이에요. 헝가리 정부 관료들이 모이는 곳이랍니다.

정말 근사한 건물이야.

비슷해 보이는 건 우연의 일치일까요?

이 건물은 헝가리 건축가이자 기예가인 임레 슈테인들이 설계했어요. 1882년 부다페스트의 새로운 국회 의사당을 짓기 위해 열린 공모전에서 입상했지요. 영국 국회 의사당(웨스트민스터 신궁전)과 닮은 이 건축물은 송곳처럼 뾰족한 탑들이 서 있고 유명한 인물과 장군을 조각한 아흔 개의 동상이 있어요. 내부에는 육백아흔한 개의 방, 열 개의 정원, 스물아홉 개의 계단이 있답니다.

건축가
임레 슈테인들

네오고딕

임레 슈테인들은 네오고딕 양식으로 국회 의사당을 지었어요. 네오고딕은 18세기 중반 영국에서 시작해 19세기에 유럽으로 널리 퍼진 건축 양식이랍니다. 고딕 양식에서 비롯되어 대체로 일정한 형태를 가지고 있지요. 그런 이유로 전통주의 양식이라고 부르기도 한답니다.

마법의 숫자 7

이곳에 있는 모든 방을 일일이 다 보고 한 곳에 십오 분씩 머문다면 건물 전체를 돌아보는 데 꼬박 일주일이 걸려요.

국회 의사당의 돔 지붕은 지름이 96미터예요.
헝가리의 성 이슈트반 대성당의 탑도 96미터이지요.
'96'은 헝가리인이 국가를 세운 연도예요.

헝가리의 수도

부다페스트로 여행 와서 국회 의사당을 방문하지 않는다고요? 국회 의사당을 안 본다는 건 단순히 독특한 건물을 못 보고 지나치는 게 아니에요. 268미터 길이로 펼쳐져 있는 세계에서 두 번째로 규모가 큰 정부 건물을 볼 기회를 잃어버린 것과 같답니다. 세계에서 가장 큰 정부 건물은 영국 국회 의사당이에요!

특별한 돔

정면을 네오고딕 양식으로 장식했어요. 얇고 긴 창문으로 둘러싼 네오 르네상스 양식의 돔이 이 건물의 가장 두드러지는 특징이랍니다. 이 웅장한 건축물의 핵심 요소라고 할 수 있어요.

기념으로 립과 함께 찰칵!

너와 나, 우리가 함께 짓는 건물

국회 의사당을 세우는 데 아주 많은 노력과 비용이 들어갔어요. 건물을 장식하는 데만 금 40킬로그램이 사용됐답니다.

에펠 탑
파리 1887~1889

파리 마르스 공원에는 프랑스 고유의 우아함과 기품이 담긴 건축물 하나가 우뚝 서 있어요. 퍼들 연철이라는 재료로 만들어진 에펠 탑이랍니다. 필립은 완전히 반해서 여러 번이나 부리를 쩌억 벌리고 감탄했어요. 다행히 립이 툭툭 쳐서 정신을 차리게 해 주었지요. '에펠 탑 꼭대기에 둥지를 틀면 어떨까? 정말 좋은 생각이야!' 필립은 에펠 탑이 정말 좋았나 봐요!

누가 만들었을까요?

에펠 탑은 프랑스의 건축 공학자이자 설계자인 구스타프 에펠이 만국 박람회를 기념하여 세운 파리의 상징이에요. 건립 당시에는 보기 흉한 철조물이라고 반대한 사람이 많았어요.

이해가 안 돼. 왜 옛날 예술가들은 에펠 탑을 좋아하지 않았을까? 파리에서 에펠 탑만큼 멋진 건 없는 것 같은데!

커다란 단두대라니?

에펠 탑은 프랑스 혁명 100주년 기념으로 열린 만국 박람회의 상징이 되었어요. 에펠 탑은 다른 많은 건축물과 경쟁했는데 그중에는 커다란 단두대(사형수의 목을 자르는 대)도 있었답니다.

조금 크게 만들기

구스타프 에펠은 다리를 설계할 때 사용하는 기술을 적용해 에펠 탑을 세웠어요. 만팔천 개의 강철 부품을 만들고 각각에 번호를 매겼지요. 작업자들이 각 부품을 하나로 조립하고 광두정(대가리를 둥글넓적하게 만들어 장식 겸용으로 쓰는 못)으로 단단히 고정했어요. 꼬박 2년하고도 2개월이 더 걸렸답니다!

구스타프 씨, 이게 빠졌어요!

윽! 저게 여기 있는 걸 보고 싶지 않아!

저 괴물 같은 것 치워 버려!

이상적인 비율?

바닥부터 꼭대기의 안테나를 포함한 에펠 탑 높이는 총 324미터예요. 무게는 얼마나 나갈까요? 가볍고 바람이 잘 통하는 형태지만 에펠 탑은 무려 10,100톤이나 나간답니다. 코끼리 천 마리도 넘는 무게예요!

> **!** 에펠 탑은 원래 1909년까지만 파리에 있기로 했어요. 그 뒤로는 없애 버릴 계획이었지요. 다행히 파리 사람들이 탑 꼭대기에 중요한 기상 관측소를 세워서 이 유명한 탑이 오늘날까지 프랑스 수도에 서 있게 된 것이랍니다.

무슨 색일까요?

에펠 탑은 아주 화려해요. 처음 세워졌을 때는 빨간색이었어요. 노란색인 적도 있었죠! 탑이 부식되는 걸 막기 위해 6년에 한 번씩 화가 스물다섯 명이 특별한 칠감(썩지 않게 하거나 외관상 아름답게 하는 재료)을 입혀요. 작업은 1년 6개월이 걸린답니다!

사그라다 파밀리아 성당
바르셀로나
1882~현재

나중에 아내 헬렌에게 멋진 둥지를 지어 주기 위해 세상에서 가장 아름다운 건축물을 보러 다니는 황새 필립과 개구리 립의 여행은 아주 길고 길었어요. 추운 북쪽과 따뜻한 남쪽을 번갈아 다녔죠. 어느 순간 필립은 더 이상 건물도, 다리도, 탑도 눈에 들어오지 않았어요. 립이 옆구리를 쿡쿡 찌르지 않았다면 놓쳐서는 안 될 이 건축물도 못 보고 지나칠 뻔했지요.

> 강렬한 색채, 구불구불한 외관과 모자이크……. 헬렌이 이런 걸 좋아할까?

! 스페인 아르 누보를 접목한 이 독특한 건축 양식을 처음 생각해 낸 사람은 고인이 되어 묻혀 있답니다. 어디에 묻혔냐고요? 그가 사랑했던 이 성당 안에요.

세상에서 가장 큰 성당!

스페인의 바르셀로나 중심에 꽃처럼 활짝 피어 있는 이 건축물은 라틴 십자가와 뾰족탑 열여덟 개가 다섯 군데의 복도에 배치되어 있어요. 사그라다 파밀리아 성당은 우아한 포물선 혹은 쌍곡선을 이루는 아치가 가볍게 지탱하도록 되어 있어요. 하느님의 사원이니 가벼워야 하겠죠.

큰 탑과 작은 탑

예수님의 열두 제자인 사도들에게 바치는 탑 열두 개, 복음 전도사 네 사람에게 바치는 탑 네 개를 만들었어요. 그 후 성모 마리아와 예수 그리스도에게 바치는 두 개의 탑을 더 지었는데 이 두 탑이 가장 웅장하답니다. 가장 높은 탑은 그리스도의 것으로 170미터에 이르러요.

하느님의 건축가

사그라다 파밀리아 성당을 보면 모두가 입을 다물지 못해요. 건축가가 이 성당을 짓는 데 평생을 바쳤으니 더 말하지 않아도 알겠지요? 먹지도 자지도 않으며 설계하고 곰곰이 생각한 뒤에 짓기 시작했답니다. 그 당시 사람들은 그를 하느님의 건축가라고 불렀어요!

계획 없이 지었다고?

천재 건축가 안토니오 가우디는 이 성당을 지을 때 계획을 거의 세우지 않았어요. 정말 놀랍지요? 그는 상상력을 발휘했어요. 이런 건물을 완성하는 일은 분명히 큰 작업인데도 말이죠.

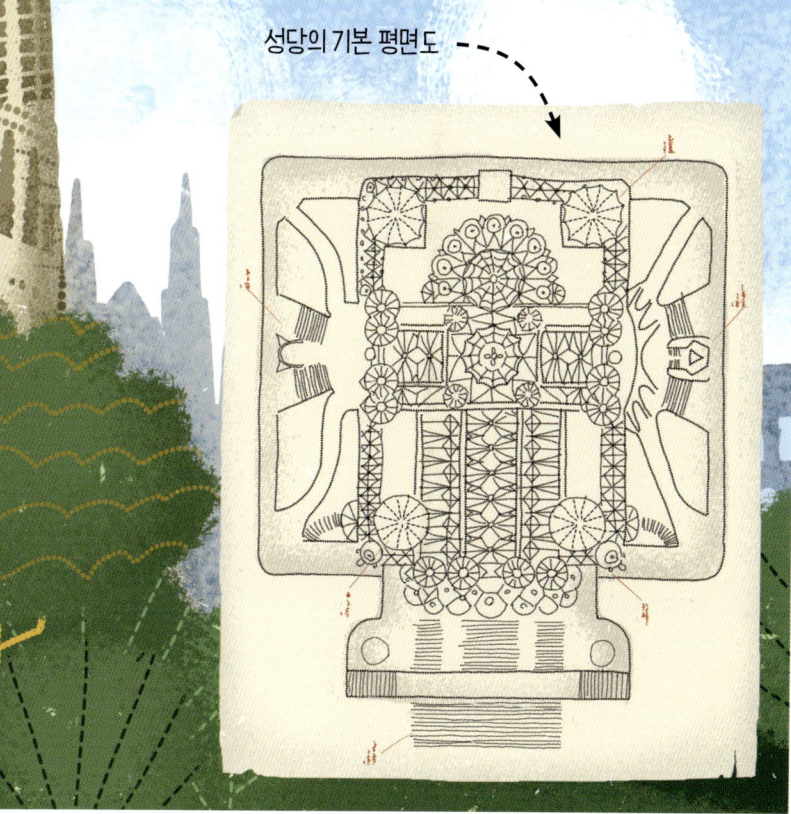

성당의 기본 평면도

스테인드글라스

여러 가지 색유리를 이어 붙이거나 유리에 색을 칠해 무늬나 그림을 나타낸 장식용 판유리를 말해요.

가우디와 성 요셉

안토니오 가우디는 안타깝게도 완성된 사그라다 파밀리아 성당을 보지 못했답니다. 하지만 스스로도 이 독특한 대성당을 혼자서 마무리할 수 없다는 걸 알고 있었던 것 같아요. "언젠가 성 요셉이 하늘에서 내려와 이 대성당을 마무리해 줄 겁니다."라는 말을 했다고 해요.

안토니오 가우디

안토니오 가우디는 바르셀로나를 바꾼 인물이에요. '카사 바뜨요'는 가우디가 도자기 조각들로 장식한 아름다운 저택이에요. '카사 밀라'는 한눈에 보기에 파도가 돌을 깎아 만든 것 같은 구엘 공원을 떠올리게 하는 저택이죠.

하느님을 위한 장식

하느님을 위한 건물이 너무 초라하면 안 되기에 성당의 장식에는 흥미로운 부분이 많이 들어가 있어요. 다양한 동물과 이국적인 식물 160종이 장식되어 있답니다. 특이하게 울퉁불퉁하고 곡선이 많은 천장, 아름다운 색상의 스테인드글라스를 본 립은 입을 다물지 못했어요.

아야 소피아 성당
이스탄불
532~537

필립과 립은 바다를 건너 터키의 수도 이스탄불로 갔어요. 수많은 사람들로 북적이고 시끄러운 소리로 정신이 없었지요. 하지만 필립과 립은 아야 소피아 성당을 보는 순간 다른 건 아무것도 눈에 들어오지 않았어요. 신의 지혜가 담긴 아름답고 웅장한 고대 사원이었거든요.

장엄하면서도 아름다운

필립은 아주 많은 기둥을 따라 걸으며 화려한 모자이크에 감탄했어요. 바닥은 다양한 대리석으로 반짝였어요. "정말 매끄럽다. 금에 보석까지 화려한 것이 다 모여 있어!"

비잔틴 뉴스

개구리 립은 돔 지붕이 너무 마음에 들었어요. 지탱해 주는 벽 없이 네 개의 우아한 기둥 위에 서 있는 돔은 그 자체로 완벽해서 공중에 떠 있는 것 같은 느낌을 주었지요. 이것이 바로 비잔틴 양식의 비법이랍니다. 고대 로마에서는 모든 돔 지붕이 땅에서 떨어져 있는 형태를 하고 있어요. 유스티니아누스 황제와 신하들은 어떻게 이 건물을 지었을까요?

> 나도 아야 소피아 성당처럼 큰 돔 지붕에 아름답게 장식된 둥지가 있으면 좋을 텐데.

> 하느님의 지혜에 바쳐진 55미터 높이의 성당은 건축사에서 가장 웅장한 구조로 손꼽힙니다.

최고를!

"세상에서 가장 크고 아름다운 성당을 갖고 싶구나. 최대한 빨리 짓도록 하라." 유스티니아누스 황제는 이렇게 말했을 거예요. 황제는 인력을 끌어모았고 공사에 들어갔답니다.

번개와 같은 속도

주춧돌을 놓고 건물을 지어 완성하고 장식하기까지 총 6년밖에 걸리지 않았어요.

성당의 설계자

물리학자인 안테미오스가 아야 소피아 성당을 설계했어요. 그는 기하학자와 수학자로 주로 활동했죠. 이 성당에 수학 공식과 계측 단위가 많이 적용된 건 당연한 일이겠죠.

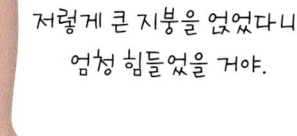

> 저렇게 큰 지붕을 얹었다니! 엄청 힘들었을 거야.

영원히 기억될 건물

유스티니아누스 황제는 역사에 기억될 웅장한 건물을 갖게 되어 기분이 좋았어요. 그 한가운데에 머물고 싶어 성당 안에 임시 주택을 지었어요. 건물을 짓는 일은 손이 많이 가고 비용도 많이 들지만 황제는 돈을 아끼지 않았어요. 흰 대리석으로 건물을 짓고 화려하게 금과 모자이크로 장식했지요.

가벼울수록 좋아

건축가는 돔을 최대한 가볍게 만들어야 했어요. 기둥 네 개가 돔의 무게를 견뎌야 했거든요. 비잔틴 사람들은 그리 멀지 않은 로도스섬에서 특별한 벽돌을 주문했어요. 이 벽돌은 아주 가벼워서 물에 넣으면 떠오른답니다.

헤라클레스의 탑
라 코루냐

기원후 1세기

옛날 옛날에 헤라클레스라는 영웅이 살았어요. 그는 엄청나게 힘이 세서 어떤 적이든 무찌를 수 있었어요! 그리고 아름다운 소를 키우는 게리온이라는 거인도 살았답니다. 미케네 왕은 헤라클레스에게 게리온을 찾은 뒤 소를 찾아오라고 했어요. 헤라클레스는 게리온과 사흘 밤낮으로 싸웠어요. 결국 헤라클레스가 승리했고 그들이 싸운 자리에 헤라클레스의 탑이 세워졌답니다.

무엇을 하는 곳일까요?

등대는 배가 어두운 바다를 항해할 때 위험하지 않도록 불을 비춰 주는 높은 탑이에요. 빛은 탑의 꼭대기에서 나와 꽤 먼 거리까지 밝힐 수 있답니다. 이 빛으로 육지나 바위의 위치를 알려 주기도 해요.

등대일까, 감시탑일까?

헤라클레스의 탑은 기원후 1세기 말 고대 로마인들이 스페인의 도시 라 코루냐에 세웠어요. 등대이자 감시탑이기에 이 헤라클레스의 탑이 더 중요했답니다. 에스파냐에서 두 번째로 높은 등대인 헤라클레스의 탑은 2009년 6월 세계문화유산으로 등재되었어요.

> 나도 헤라클레스처럼 용감한 사람이 되고 싶어.

고대 영웅
헤라클레스

18세기 근대 시대

새로운 세기에 접어들면서 탑은 바뀌게 되었어요. 건축가들이 화강암 슬라브로 탑을 감싸고 꼭대기는 팔각형으로 만들었어요. 네 개의 조명이 20초마다 불을 깜박이며 지금까지 배의 안전을 지켜 주고 있어요. 등대의 빛은 37킬로미터 밖에서도 보인답니다.

크게 더 크게

탑 높이는 55미터이며 57미터 높이의 바위 지대 위에 서 있어요. 위로 갈수록 작아지는 세 부분으로 이루어져 있고 하단은 로마식 등대 구조와 같은 형태예요. 이 등대는 대서양이 펼쳐지는 비스케이만에서 먼 바다를 내려다보고 있답니다.

난 이 자리를
쭉 잘 지키고 있어.

> ! 헤라클레스의 탑은 현재까지 사용되는 등대 중 세상에서 가장 오래된 등대랍니다. 세계 기록을 보유하고 있어요!

탑 안에는 이백사십이 개의 계단이 있어. 꼭대기에서 내려다보는 전망이 아주 좋아.

두 번째 바람

17세기 계몽주의 시대에 접어들면서 탑 전체를 새로 지었어요. 마침내 진짜 등대로 사용되기 시작했지요. 배를 통해 물건을 실어 나르는 일은 큰돈을 가져다주기에 선원들의 안전이 중요했거든요. 랜턴이 달린 새로운 탑 두 개를 이 등대 꼭대기에 더했답니다.

키가 줄었어요!

시간이 흐르면서 헤라클레스의 탑은 거센 비와 바람을 맞아 부식되고 갈라졌어요. 하지만 수리할 비용이 부족해 탑의 높이는 점점 줄어들고 말았답니다.

헬렌과 단둘이서
바다를 바라보는거야.
참 로맨틱하지!

13

성 바실리 대성당

모스크바

1554~1560

'이게 꿈이야 생시야?' 필립은 눈을 비볐어요. 하지만 아무것도 달라지지 않았어요. 수많은 탑과 양파 모양 지붕이 얹힌 화려하고 아름다운 대성당이 여전히 눈앞에 있었지요. "뭘 그렇게 보고 있는 거야?" 립이 필립의 옆구리를 찌르고는 배낭 밖으로 나와 말했어요. 우리 함께 동화 속에서나 볼 수 있을 것 같은 성 바실리 대성당을 살펴볼까요?

독특한 아름다움

러시아 전통 건축에서 이런 양식은 아주 드물답니다. 러시아 건물들이 영감을 받은 비잔틴 양식에서조차 보기 힘든 기념비적이고 복잡한 건축물이에요.

흰색의 대성당?

대성당의 매력은 다양한 색상을 잘 활용했기 때문이기도 해요. 그렇지만 늘 이렇지는 않았어요. 중세 시대에는 대성당을 완전히 흰색으로 칠했는데 그 당시 러시아에서는 흔한 일이었어요.

끔찍한 황제 이야기

16세기 모스크바 대공국의 대공인 이반 4세는 엄청나게 넓은 러시아 영토를 다스렸어요. 어느 날 이반 4세는 카잔 칸국의 영토를 점령하고 싶었어요. 잔인하고 가혹하게 피의 전투를 벌이며 카잔 칸국을 침략했지요. 이 승리를 기념하며 성 바실리 대성당을 지었답니다.

이반 4세

저 화려한 양파 모양 지붕 위에 둥지를 틀면 어떨까?

이반 4세는 이처럼 아름다운 건물이 두 번 다시 이 세상에 없었으면 좋겠다고 생각했어요. 그래서 건축을 담당했던 '바르마'와 '보스토니크'의 눈을 멀게 했다는 전설이 있어요.

여덟 개의 예배당

굉장한 바실리카(끝 부분이 동그랗고, 내부에 기둥이 두 줄로 서 있는 큰 예배당이나 회관)는 여덟 개의 예배당을 하나로 연결했어요. 예배당이 여덟 개인 것은 우연이 아니에요. 이반 4세가 카잔 칸국을 8일 만에 정복한 것을 기념하기 위해서예요.

8+1=9

세월이 흐르면서 아홉 번째 예배당이 생겨났어요. 이 예배당에는 대성당의 주인인 성 바실의 무덤이 있어요. 몇십 년이 지난 뒤 종탑이 생기고 대성당이 완성되었지요.

조심해요, 나폴레옹이 와요!

나폴레옹은 대성당을 파괴하기 위해 군사를 보냈어요. 다행히 그들은 제때 도착하지 못했답니다.

성 바실은 은총의 바실리라고도 불려요.

아, 안 돼! 바람이 살짝만 불어도 둥지가 땅으로 떨어지잖아.

안과 밖이 같을까요?

두 개의 층으로 이루어진 대성당은 밖에서 보기에는 웅장하고 크지만 내부는 넓지 않아요. 꽤 작은 편인 데다가 좁고 어두워요. 창문도 많지 않지요. 하지만 금과 호화로운 내부 장식은 규모와 달리 엄청나요.

청수사

교도

8세기~17세기

전 세계를 돌며 건축물을 구경하는 일은 쉽지 않았어요. 항상 튼튼하던 황새 필립도 날개가 아파 왔어요. 그래서 좀 더 편안하게 일본을 여행하기 위해 필립과 립은 기차를 탔지요. 기차는 그들을 어디로 데려다주었을까요? 바로 '성스러운 물'을 뜻하는 '기요미즈사'라고도 불리는 청수사예요. 수많은 사람들이 성스러운 물을 마시기 위해 찾아온답니다.

오래전 그리고 더 오래전

일본 건축 양식의 첫 번째 보물인 이 절은 798년에 세워졌어요. 하지만 우리가 지금 보는 절은 1633년에 지은 건물이에요. 십삼만 제곱미터 부지에 서른 개의 부처 조각상이 있고 이 전체가 하나의 큰 절을 이룬답니다.

못은 사용하지 않아

사찰 탑을 비롯해 절에 있는 모든 건물이 못을 하나도 쓰지 않고 지어졌어요. 어떻게 그렇게 했을까요? 필립은 믿을 수 없어 고개를 저었어요. 그리고 모든 것을 자세히 살폈어요. 그 뒤를 립이 바짝 따랐지요.

사찰 탑이란?
탑 모양을 하고 있는 아시아 종교 건축물로 보통 절의 한 부분을 차지하지요.

건축 기법

대웅전은 아주 가파른 절벽 위에 서 있어요. 그렇지만 태풍이 불어도, 지진이 와도 걱정할 필요가 없어요. 뛰어난 설계 덕분이지요. 기둥을 쌓아 올려 만들었고 난간이 비계(건축 공사 시 작업물을 지지하는 구조물)처럼 받쳐 주기 때문이에요.

건축 양식

대웅전의 지붕은 일본 삼나무 껍질을 엮어 만들었어요. 이 시기에 지은 일본 왕궁과 건물 대부분이 비슷한 생김새를 갖지요. 절의 내부는 외부 성소, 내부 성소, 숨은 성소 이렇게 세 부분으로 나뉘어져 있어요. 숨은 성소가 가장 신성한 곳이랍니다.

신성하고 평화로운 곳이야!

활짝 핀 벚꽃

대웅전으로 가는 길은 여러 가지가 있어요. 13미터 높이 기둥 위에 너른 나무 판자를 깐 길도 그중 하나랍니다. 많은 사람들이 이곳에 모여 교토의 풍경을 감상해요. 게다가 봄에는 활짝 핀 벚꽃도 즐길 수 있답니다.

나무 목재
속 등
내부 성소

옴……옴……

옴은 불교 승려들의 신성한 음절이에요. 당연히 벽, 문, 주위 어디서든 들려요. 아, 그런데 청수사가 일본 어디에 있는 절인지 말하는 걸 깜빡했네요! 청수사는 일본의 고대 수도 교토에 있답니다.

옴?

미국 국회 의사당
워싱턴

1793~1800

황새 필립은 날개가 쑤셨고 개구리 립은 살짝 멀미가 났어요. 길고 긴 여행을 할 때는 늘 지치기 마련이니까요. 둘은 좀 쉬고 싶었어요. 쉬지 않고 계속 가다간 정말 사고가 날 것 같았지요. 필립은 아름다운 흰 돔 지붕으로 된 커다란 건물로 내려갔어요. 하지만 어쩌나, 이곳은 쉬는 곳이 아니었어요! 미국을 상징하는 대표 건물이자 고전주의 양식의 이 웅장한 건물은 바로 미국 국회 의사당이에요!

조지 워싱턴
초대 대통령

미국 민주주의의 상징

둘은 워싱턴에 도착했어요. 그들이 앉아 있는 곳은 미국의 법을 만들고 정하는 국회 의사당이랍니다. 1800년 이래로 미국 연방 의회의 본거지였으며 1801년 토머스 제퍼슨이 첫 번째 의장으로 선서를 거행했던 역사를 지니고 있어요.

바로크일까요, 고딕일까요?

안타깝지만 둘 다 아니에요. 국회 의사당은 고전주의 양식으로 지어졌어요. 고전주의는 17세기 중반 프랑스에서 탄생했어요. 조화, 정형화된 형태를 중요시하지요. 고전주의는 고대 그리스와 로마 시대 양식의 기둥과 벽기둥을 활용해요. 이중으로 된 직사각형 창문과 대칭형 현관이 특징이에요.

불을 조심해요!

1814년 영국 군인들이 이곳에 불을 질렀어요. 다행히 마침 비가 많이 내려 불은 꺼졌지만 그을음으로 뒤덮이고 말았지요.

누가 지었을까요?

프랑스에서 태어난 건축가이자 설계가인 피에르 랑팡이 이 대지를 선정했어요. 1792년에 의회가 입주할 건물 설계를 위해 공모전이 개최되었고, 파리의 루브르 궁전에서 영감을 얻어 설계를 선보인 닥터 윌리엄 손턴이 뽑혔지요. 국회 의사당은 여러 해에 걸쳐 변화했으며 여러 명의 건축가 손을 거쳐 탄생했어요.

건물이자 도시

국회 의사당 주춧돌은 조지 워싱턴 대통령이 놓았어요. 이건 흔히 있는 일이지만 국회 의사당처럼 중요한 건물이 도시가 만들어지는 아주 초기에 세워졌다는 점은 흔하지 않아요. 워싱턴은 수도의 기능을 완수할 수 있도록 디자인된 계획도시예요.

! 19세기 미국 고전주의를 신고전주의라고 불러요.

원형 건물과 돔

국회 의사당은 커다란 돔 지붕으로 덮인 원형 건물이에요. 오백사십 개의 방이 있고 워싱턴에서 가장 높은 건물이랍니다.

와, 옥수수다!

국회 의사당 정문에는 날렵한 고전주의 양식의 기둥이 방문객을 맞이해요. 기둥 장식을 자세히 보세요. 뭐가 보이나요? 바로 옥수수예요. 미국은 옥수수를 대량으로 재배하는 나라거든요.

옥수수를 먹을까?

난 배가 고파!

19

쾰른 대성당
쾰른   **1248~1880**

딩동, 열한 개의 종이 크게 울리면 전 세계에서 모인 여행객들이 유명한 동방 박사의 유해를 향해 고개를 숙여요. 이곳에는 동방 박사의 유해가 보존되어 있다고 전해지거든요. 필립과 립이 어디에 도착했냐고요? 독일 쾰른에 있는 유명한 쾰른 대성당의 지붕이랍니다.

1248년 8월 15일
건축가들이 아름다운 독일 고딕 양식의 대성당을 짓기 위해 주춧돌을 놓았어요. 이곳은 신성한 건물을 세우기에 알맞은 곳이에요. 작은 로마네스크 교회가 있던 자리로 훨씬 전에는 고대 사원이 세워진 곳이기도 해요.

풍요로운 19세기
낭만주의는 19세기에 생겨났어요. 이 시기 사람들은 중세와 비슷한 양식이라면 무엇이든 좋아했어요. 건물, 새로운 주택 모두 중세 시대 양식으로 지었는데 이걸 신고딕 양식이라고 해요. 쾰른 사람들은 돈을 모아 아름답고 신성한 돔 지붕으로 근사한 성당을 마무리했어요.

다시 쾰른으로
건축은 담당 건축가인 게르하르트 폰 릴레가 맡았어요. 떠도는 소문에 의하면 그는 대성당을 완성하기 위해 악마와 계약을 맺었다고 해요. 엄청나게 빠른 속도로 대성당을 완성했지요. 1271년 죽기 전까지 대성당 동쪽 부분 전체와 일곱 개의 예배당, 두드러진 뾰족탑을 세웠어요.

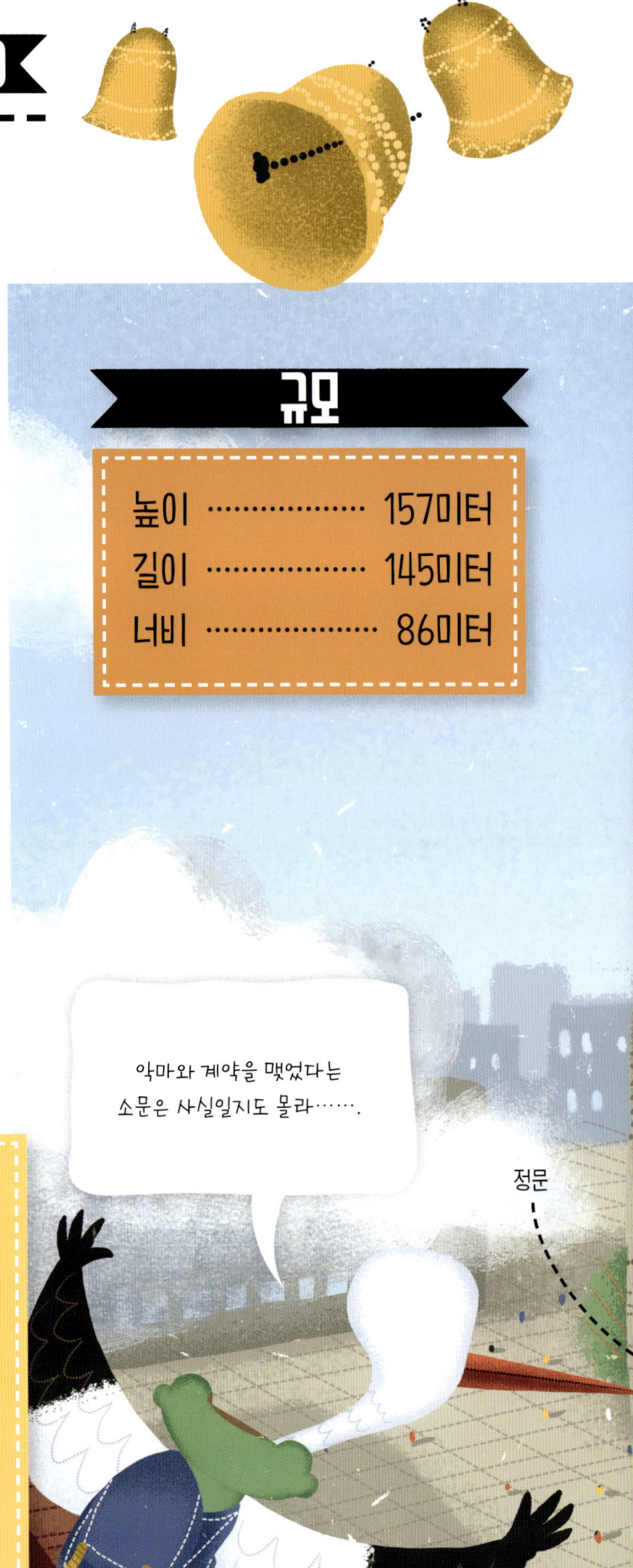

규모

높이	157미터
길이	145미터
너비	86미터

악마와 계약을 맺었다는 소문은 사실일지도 몰라……

정문

대성당 안에는 무엇이 있을까요?

동방 박사의 유해가 담긴 상자

서양에서 두 번째로 오래된 십자가 유물인 게로 십자가

작은 뾰족탑

플라잉 버트레스
(고딕 양식에서 건물 외벽을 받치는 반 아치형 구조물)

고딕 양식의 특징

수직성 - 교회 건물은 하느님에게 닿을 수 있도록 아주 높게 세워요.

고딕 아치 - 폭이 아주 좁은 고딕 창문 가장자리를 장식한 뾰족한 아치를 말해요.

버트레스 - 고딕 건물은 아치와 외벽의 버트레스로 지탱해요.

정문 - 고딕 아치 모양에 화려한 장식으로 꾸며요.

둥근 아치 천장 - 고딕 양식의 기본 건축 요소로 뾰족한 아치와 교차형 둥근 천장을 꼽을 수 있어요. 살대(기울어지는 것을 받치거나 바로잡기 위하여 버티는 나무)가 건물의 무게를 지탱해요. 이후 별 모양과 부채 모양 천장이 생겨났어요.

뾰족한 아치가 달린 고딕 양식의 창문

교차형 둥근 천장

별 모양 천장

장미 창문

부채 모양 천장

> ❗ 세상에서 세 번째로 큰 이 대성당은 스테인드글라스 창문과 수많은 조각상 그리고 조각 작품으로 화려하게 장식되어 있어요.

콜로세움 로마

기원후 70~80년

로마 황제

사람들은 모든 길이 로마로 통한다고 해요. 필립과 립도 영원한 도시에 왔어요. 지칠 때 아이스크림을 먹는 것만큼 기분 좋은 일이 또 있을까요? 둘은 이탈리아 아이스크림을 맛보며 숨을 돌렸답니다. 그리고 곧장 흥미로운 유적지로 향했어요.

콜로세움

콜로세움을 가 보지 않으면 로마를 본 게 아니라는 말이 있어요. 이 유명한 원형 극장은 검투사와 노예의 싸움을 보여 주기 위해 세워졌지만 팬터마임과 초기 연극을 공연하기도 했어요.

설계자는 누구일까요?

콜로세움의 설계자는 누구인지 알려지지 않았어요. 건축가 라비리오라고 하기도 하고, 가운덴치오라고도 하는데 모두 추측일 뿐이지요. 고대 로마 시민들에게 콜로세움은 경기를 보며 일체감을 느끼고 즐기는 하나의 공공 오락 시설이었어요.

플라비우스 원형 경기장

서기 1세기에 세워진 이 건물은 원래 플라비우스 원형 경기장이라고 불렸어요. 플라비우스 왕조였던 로마 황제의 명으로 지어졌기 때문이지요. 유명한 이름인 '콜로세움'은 그로부터 200년 뒤에 붙여졌어요. 근처에 아폴로 신의 거대한 조각상이 세워져 있다는 이유에서였지요.

엄지를 올리고 내리고

검투사들은 죽을 때까지 싸우고 끝까지 남은 한 명이 승리를 차지해요. 진 검투사는 승리한 검투사의 발아래 복종해야 해요. 그리고 관객들이 진 검투사의 운명을 결정해요. 엄지를 들어 올리면 살고 내리면 죽는 거예요.

인상적인 기록

콜로세움을 짓는 데 8년이 걸렸어요. 둘레 527미터의 타원형으로 지름이 긴 쪽은 188미터, 짧은 쪽은 156미터예요. 높이 48미터나 되는 4층 건물에 관중석과 멋진 아케이드로 된 경기장을 짓는 건 쉬운 일이 아니니까요.

동물과 검투사

지하에는 맹수들이 머무는 공간이 있어요. 동물들은 승강기를 타고 위로 올라와요. 맹수 우리 말고도 검투사와 노예들이 머무는 장소도 지하에 마련되어 있지요.

많을수록 좋아

오만 명의 구경꾼이 앉을 수 있는 좌석이 네 줄로 무대를 둘러싸고 있어요. 훌륭한 설계 덕분에 사람들은 서로 밀치고 다툴 필요 없이 빠른 시간 안에 콜로세움에서 나갈 수 있답니다.

관객들이 경기장으로 들어갔던 입구예요. 황제를 위한 특별한 입구도 마련되어 있답니다.

그 밖에 특이한 점

햇볕이 너무 강하거나 비가 오는 날에는 캔버스로 된 지붕을 덮어서 경기를 계속했어요. 건축가들은 이런 부분까지 다 생각했답니다!

콜로세움의 놀라운 점

무대는 가장 중요한 부분이에요. 굉장한 구경거리를 볼 수 있는 곳이니까요. 모래로 덮은 나무 바닥에는 작은 문이 달려 있어요. 눈 깜짝할 사이에 검투사나 사나운 사자가 무대 위로 등장하지요. 이 작은 문을 통해서 말이에요.

독일 오페라 하우스
바이로이트
1744~1748

음악 소리가 들리나요? 노랫소리는요? 비올라, 바이올린과 콘트라베이스는요? 필립과 립은 노랫소리를 들었나 봐요. 노랫소리를 따라 곧장 독일 바이로이트에 있는 극장 앞으로 날아갔어요.

단순한 극장이 아니에요!
오페라 하우스는 바로크 양식으로 장식된 아름다운 건물이랍니다. 원형을 그대로 간직한 얼마 남지 않은 바로크 양식 극장 중 한 곳이에요.

들어가 볼까요?
필립과 립은 옷을 차려입고 안으로 들어갔어요. 와! 둘은 너무 놀라 부리와 입을 다물지 못했어요. 이렇게 화려할 거라고는 상상도 못했거든요. 나무로 된 홀은 금박 장식이 가득하고 천장에는 아름다운 그림이 그려져 있어요.

라라라라라~

몇 명이 들어갈 수 있을까요?
극장에는 500석이 마련되어 있고 세 개의 층에서 좌석을 선택할 수도 있어요. 옛날에는 사회적 지위에 따라 좌석을 골랐어요. 꼭대기 층 좌석은 가장 낮은 계급의 사람들이 앉았어요. 무대가 잘 보이지 않거든요.

선택받은 사람을 위한 전용석

거기 앉지 마, 필립! 캐노피가 있고 작은 황금 천사들로 장식된 이곳은 왕자의 전용석이랍니다. 그래서 귀빈석이라고 불러요. 분명 왕자는 맨 앞줄 중간의 황금으로 만든 좌석에 앉는 걸 좋아했나 봐요. 그는 공연을 가장 잘 즐길 수 있는 자리가 어딘지 아주 잘 알고 있었던 거예요.

> 난 금도 싫고, 금색도 싫지만 이 자리는 전망이 좋아서 마음에 들어!

> ! 바로크 양식의 건물은 규모가 크고 곡선과 물결무늬, 아치와 돔을 많이 사용해 웅장한 느낌을 준 답니다.

깨우친 공주

옛날에 프로이센 공주 빌헬미네가 살았어요. 그녀는 남편인 프리드리히 후작을 아주 많이 사랑했지요. 두 사람은 함께 바이로이트로 왔어요. 공주는 예술과 문화에 관심이 많았기에 그녀가 바이로이트에 사는 동안 도시는 아주 번성했어요. 이 완벽한 오페라 하우스도 그때 세워졌지요. 공주는 작곡 솜씨도 뛰어났어요!

빌헬미네 공주

오직 이곳에만

바로크 양식의 오페라 하우스는 세계적으로 유명한 작곡가 리하르트 바그너의 마음도 사로잡았어요! 그는 극장 자체의 아름다움에 빠져 바이로이트에서만 자신의 오페라 축제를 열었어요. 게다가 근처에 자신만의 극장을 짓기도 했지요.

화려한 바로크 양식

바로크 양식의 건물은 호화로운 장식이 많아요. 조각상, 대리석, 벽화, 황금 액자에 넣은 그림들로 더욱 빛이 나지요. 금과 대리석 없이는 어떤 바로크 양식의 건물도 지을 수 없어요!

작곡가
리하르트 바그너

파르테논 신전

아테네 기원전 447~438년

지중해의 바닷물이 푸르고 하얀 그리스의 백사장으로 밀려들어요. 필립은 기다란 발톱을 씻었고 립은 평평한 조약돌을 찾아 물수제비를 떴어요. 고개를 어디로 돌려도 아테네의 오랜 역사를 느낄 수 있어요.
여러분, 어서 무릎을 꿇어요. 아테나 여신이 파르테논 신전에서 내려다보고 있어요!

아테나에게 바친 신전

아테네의 언덕 아크로폴리스에는 아테네인의 수호 여신 아테나에게 바친 아름다운 신전이 우뚝 서 있어요. 아테네의 정치가 페리클레스의 지시로 신전을 짓기 시작했어요.

! 페리클레스의 지시와 조각가 페이디아스의 총감독 아래 설계는 건축가 익티노스, 공사는 칼리크라테스가 했어요. 그들은 신성한 땅 위에 신전을 세웠지요.

도리스 양식

도리스 양식은 그리스의 건축 양식 중에서 가장 오래된 것으로 단순하고 간결한 형태를 하고 있어요. 장식을 최소화한 기둥, 부조 장식을 한 박공(지붕 옆면 끝머리에 'ㅅ' 모양으로 붙여 놓은 두꺼운 널빤지), 프리즈가 특징이에요.

프리즈란 무엇일까요?

프리즈는 코니스(서양식 건축 벽면에 수평의 띠 모양으로 돌출된 부분)와 기둥 사이에 놓인 부분을 말해요. 고대 그리스 시대에는 주로 신들의 눈을 넣어 프리즈를 장식했어요.

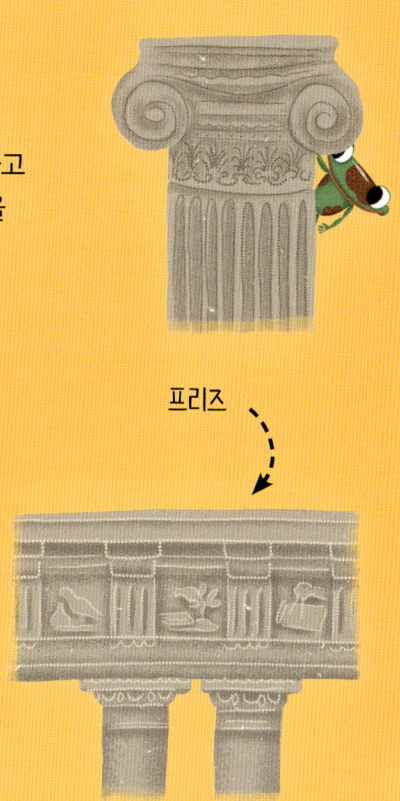

도리스 양식

프리즈

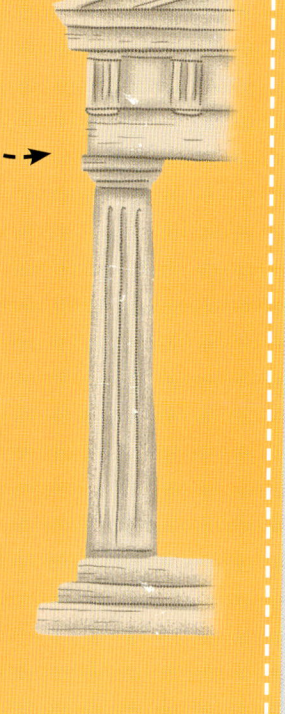

기둥

신전과 기둥

신전의 정면과 후면은 각각 날렵한 기둥 여덟 개가 지탱하고 있고 건물 옆면에는 열일곱 개의 기둥이 더 있답니다. 기둥에는 세로로 홈을 새겨 장식했어요.

파르테논 신전의 구성

신전은 기둥으로 둘러싸인 외부 복도인 페리스타일과 내부 건물로 이루어져 있어요. 건물은 신을 모시는 방인 켈라와 커다란 복도인 오피스토도무스로 구성되어 있지요. 넓은 복도에는 한때 커다란 아테나 여신 동상이 놓여 있었어요. 나무로 만든 동상에 금과 상아를 덮고 다이아몬드 눈을 달았지요. 조각가 페이디아스의 작품입니다.

화려한 색을 좋아해요

현재 파르테논 신전의 대리석은 흰색이지만 옛날에는 아주 화려하고 다양한 페인트로 색을 칠했어요. 다채로운 색상 말고도 많은 조각상으로 유명했죠. 프리즈를 보세요. 켄타우로스, 아마존 부족, 전투 장면, 영웅의 삶까지…… 화려하고 완벽해요!

험난한 역사

파르테논 신전은 기독교 교회였다가 오스만 제국에 정복당한 뒤 15세기에는 이슬람 사원이 되었어요. 오스만 제국은 신전에 화약 더미를 쌓아 놓곤 했어요. 1678년 베네치아군의 포격으로 화약 더미에 불이 붙어 폭발하면서 신전과 조각물이 크게 훼손되었지요.

> 이 전통 양식 참 멋지지 않아, 헬렌?

안녕, 그리스

필립은 그리스를 떠나고 싶지 않았어요. 도리스 양식 기둥이 너무 좋았거든요. 이런 기둥은 둥지를 만들기 좋은 곳이에요. 립은 지중해의 파도를 즐겼지요. 하지만 좋든 싫든 여행은 계속되어야 해요!

피라미드
기자

기원전 2700~2560년

어디를 봐도 모래가 있어요. 황금빛 모래가 눈앞에서 반짝이고 눈을 멀게 해요. 강렬한 햇살 때문에 선글라스를 써야겠어요. 낙타는 사막의 중요한 이동 수단이에요. 태양 아래서도 묵묵히 걷지요. 필립은 낙타를 정말 타고 싶었어요. 립은 무서워서 근처에 있는 피라미드 꼭대기에 앉아 구경만 했지요.

기자의 피라미드

피라미드는 이집트 왕족의 무덤이랍니다.
"봐, 우리의 엄청난 권력을 보라고!
우리는 영원히 살 거야."
그들은 사방에서 이렇게 소리치고 있어요.

우아, 낙타가 지나간다!

얼마나 많은 사람이 피라미드를 지었을까요?

그리스 역사학자 헤로도토스는 약 십만 명이 약 10년에 걸쳐 대피라미드를 건축했을 거라고 예상했어요. 하지만 현대 일부 건축학자들은 피라미드의 정밀도 등을 감안할 때 사오천 명의 숙련된 기능인들이 건축했을 것이라고 추정하고 있지요.

나무 썰매와 강인한 팔

작업자들은 근처 채석장에서 캔 돌을 나무 썰매에 실어 가져왔어요. 썰맷길은 고운 모래와 야자수 나무를 깔아 만들었지요. 작업자들은 천천히 돌을 옮겼어요. 길에 물을 뿌려 운반하기 더 쉽게 만들기도 했지요.

가장 큰 피라미드

쿠푸 왕의 피라미드는 기자에 있는 피라미드 세 개 중 가장 커요. '대피라미드'라고도 하지요. 146미터 높이이며 입구 방향은 정확하게 북쪽을 향해 있어요. 대피라미드를 짓는 데 들어간 돌의 전체 무게는 약 5900만 톤으로 추정되며 약 이백삼십만 개의 석회암과 화강암으로 이루어져 있어요.

> 나도 피라미드를 만들고 싶어.

! 피라미드 작업자들이 모두 자발적으로 투입된 것은 아니었어요. 파라오(고대 이집트의 왕을 이르던 말)의 명령을 받아 작업한 것이지요.

아, 정말 무거워!

피라미드를 쌓은 돌 하나의 무게는 약 3톤이고 가벼운 것도 1톤이나 돼요. 산업 기술이 발달하지 않은 시대에 사람들은 어떻게 무거운 돌을 꼭대기까지 쌓아 올릴 수 있었을까요?

> 우아!

> 난 좀 무서워…….

> 더 세게 당겨, 필립!

왜 피라미드일까요?

피라미드와 보존된 파라오의 시신인 미라가 있어야 왕이 영원히 살 수 있다고 믿었어요. 이집트인들은 죽은 왕이 사후에 국민들을 다스린다고 생각했어요. 그래서 이런 생각을 실제로 보여 주고자 피라미드를 지었답니다.

피라미드 속에는 뭐가 있을까요?

대피라미드의 내부는 왕의 방, 왕비의 방, 대회랑, 내려가는 통로, 올라가는 통로, 수평 통로, 환기통 등 복잡한 구조로 되어 있어요.

29

오스페달레 델리 인노첸티

피렌체

1419~1424

'방금 뭐였지?' 필립은 아름답고 화창한 이탈리아 피렌체 상공을 날며 생각했어요. 아기 울음소리를 들은 것 같았거든요. 하지만 아무것도 보이지 않았어요. 그저 길고 날렵한 흰색 기둥만 줄지어 서 있을 뿐이었지요.

필리포 브루넬레스키

피렌체 고아원

아기 울음소리는 우연히 들린 것이 아니었어요. 오스페달레 델리 인노첸티는 '죄 없는 이들의 병원'이라는 뜻으로 피렌체의 상인 조합이 버려진 아이들을 위해 세우고 운영한 보육원이에요. 유럽 최초의 보육 시설이랍니다.

완벽한 대칭을 이루는 아치형 기둥 위에 보자기로 싸인 아이 조각이 보여요.

황새가 아기를 물어다 줄까요?

옛날에는 황새가 아기를 물어다 준다는 이야기가 있었어요. 하지만 그것은 사실이 아니랍니다. 필립은 15세기로 돌아가 버려진 아기들을 간절히 자식을 바라는 집에 물어다 주고 싶었어요.

필리포 브루넬레스키

필리포 브루넬레스키는 오스페달레 델리 인노첸티 말고도 산타마리아 델 피오레 대성당과 산 로렌초 성당 등의 건축에 참여했어요. 르네상스 건축 양식 창시자 중 한 사람이자 원근법 발명자로 시각 예술을 한층 더 발전시켰어요. 원근법은 물체와 공간의 멀고 가까움을 느낄 수 있도록 표현하는 방법이에요. 원근법의 발견으로 화가들은 인상적인 깊이와 공간감이 담긴 작품을 그릴 수 있게 되었답니다.

> ! 오스페달레 델리 인노첸티는 건축 역사에서 아주 중요한 건물이에요. 르네상스 양식으로 지어진 최초의 건물이기 때문이죠.

조각가 겸 건축가
오스페달레 델리 인노첸티는 1419년에 짓기 시작했어요. 설계를 담당한 인물은 조각가이기도 한 필리포 브루넬레스키였어요.

넓은 공간
고딕 양식의 성들은 르네상스 시대에 정원과 여름 별장이 있는 탁 트인 왕궁으로 바뀌게 되었어요.

르네상스란?

르네상스는 14세기부터 16세기에 일어난 문화 운동으로 학문이나 예술의 부활, 재생이라는 뜻을 가지고 있어요. 건축에서도 회화와 마찬가지로 고전적인 형태를 부활시키는 데 초점을 두었지요.

건축 속 르네상스 양식 요소
건물은 통풍이 잘되고 조화로운 공간으로 지었어요. 낮은 건물이 많고 기둥이 중요한 요소를 담당하지요. 입구는 일반적으로 매끈하게 만들거나 스그라피토로 장식해요.

스그라피토
르네상스의 장식

코린트식 기둥머리
윗부분을 꽃무늬로 장식한 기둥

고대 기둥
날렵한 기둥들이 아름답게 쭉 늘어서서 반 아치형 코린트식 기둥머리를 지탱하며 완벽한 아케이드를 이루는 모습을 보세요. 르네상스 양식의 우아함과 조화미가 돋보여요. 우리의 립은 기둥과 기둥 사이를 팔짝팔짝 뛰고 있네요.

성 베드로 대성당

바티칸 시국

1506~1626

다음에 들린 목적지는 바티칸 시국이에요! 거품이 풍부한 카푸치노와 세상에서 가장 훌륭한 기독교 대성당이 있는 곳이죠. 필립과 립은 성 베드로 대성당을 볼 생각에 가슴이 두근거렸어요.

예수의 제자 베드로

지금의 성 베드로 대성당은 교황 성 베드로가 십자가형에 처한 장소에 세워졌어요. 원래 이 자리에는 콘스탄티누스 대제의 지시로 건설된 옛 성 베드로 대성당이 있었어요. 교황 율리오 2세는 로마의 영광을 위하여 옛 성 베드로 대성당을 허물고 화려한 건물로 바꾸었지요.

도나토 브라만테

천재 건축가 브라만테

교황 율리오 2세는 기독교 세계에서 가장 위대한 건축물을 만들고자 설계 공모를 시행했어요. 비잔틴 사원을 보고 영감을 얻은 도나토 브라만테의 설계안이 선정되었지요. 커다란 둥근 지붕 하나의 본 건물을 중심으로 주변의 작은 사원 네 개에 각각 둥근 지붕을 올릴 계획이었어요.

후견인들의 변화

브라만테가 세상을 떠나고 라파엘로 산티가 그 뒤를 이었어요. 라파엘로는 탑의 크기를 줄이고 외부 벽을 더 명확하게 함으로써 완벽한 정방형 형태로 설계를 수정했어요.

라파엘로 산티

크기가 단연 으뜸

축구 경기장 세 개를 나란히 놓으면 이 신성한 건물과 크기가 같아진답니다.

바로크 양식을 좋아하나요?

잔 로렌초 베르니니는 50년 동안 성 베드로 대성당 꾸미는 작업을 했어요. 베르니니는 바로크 시대의 위대한 건축가이자 조각가로 평가받게 되었지요. 성 베드로 대성당에 있는 그의 작품은 〈발다키노〉〈우르바누스 8세의 무덤〉〈성 베드로의 옥좌〉 등이 있어요.

완벽주의자 미켈란젤로!

1547년 또 다른 천재가 참여했어요! 조각가 미켈란젤로예요. 그는 내벽을 강화한 다음 둥근 지붕에 집중했어요. 지붕을 더 높고 웅장하게 설계했지요. 덕분에 수많은 관광객들이 성 베드로 대성당의 지붕 너머로 지는 해를 보며 그 아름다움에 감탄하고 있답니다.

청동 캐노피

성 베드로가 이 대성당에 묻혔기에 베르니니는 그의 무덤 위에 전형적인 바로크 양식의 아름다운 청동 캐노피를 만들었어요. 거대한 네 개의 기둥을 포도 덩굴이 감싸 오르는 형태와 천사 네 명을 조각해 넣고 스투코(건축의 천장, 벽면, 기둥 등을 칠하는 미장 재료)를 칠하고 수술 모양까지 내느라 9년이 걸렸지요. 높이는 31미터에 이른답니다.

청동 캐노피

바로크란 무엇일까요?

16세기 말부터 유럽에서 유행한 예술 양식이에요. 파격적이고 감각적 효과를 노린 동적인 표현이 특징이지요. 화려하고 웅장하답니다. 성 베드로 대성당은 황금, 대리석, 프레스코 벽화로 화려하게 꾸몄어요.

> 육만 명이라고! 마을 사람 전부가 들어갈 수도 있겠어.

! 성 베드로 대성당은 세상에서 가장 큰 기독교 성당이에요. 총 육만 명이 앉을 수 있으니까요!

자금성
베이징

1406~1420

필립과 립은 지구를 몇 바퀴나 돌았을까요? 숫자를 세다가 그만 까먹었지 뭐예요. 필립과 립은 아시아로 날아갔어요. 이번에는 어느 나라에 갔을까요? 바로 중국의 수도 베이징이랍니다. 그곳에 뭐가 있냐고요?

자금성

자금성은 명과 청 왕조의 궁궐이에요. 궁궐로는 세계 최대의 규모지요. 이 궁궐에는 오로지 통치자와 그의 신하, 몸종만이 들어갈 수 있었어요. 그 외의 사람이 몰래 자금성으로 들어갔다간 죽을 때까지 그곳에 갇혔어요. 비밀은 엄격하게 지켜져야 하거든요!

엄청난 노동력

십만 명의 작업자와 약 백만 명의 노예가 자금성을 지었어요. 중국 전역에서 성을 만드는 데 필요한 자재를 가져오는 것만으로도 엄청난 일이었답니다. 생각해 보세요. 정말 어마어마하죠?

안으로 들어가 보자.

우연히 만들어진 것은 아무것도 없어요

황제가 잠을 자는 곳과 의식을 치르는 곳 모두 10미터 높이의 벽과 넓은 해자로 둘러싸여 있어요. 사방에 감시탑이 있는 건 물론이지요. 중국 황제는 엄격한 보호와 감시 속에서 생활했답니다.

행운의 숫자 9

숫자 9는 고대 중국에서 중요한 의미를 가졌기에 자금성에는 '9,999'개의 방이 있어요. 궁궐의 거의 모든 문이 '9'번의 못질로 만들어졌고 감시탑에는 '9'개의 서까래가 있지요.

색상

중국 통치자들은 뭐든 소홀히 하지 않았어요. 노란색은 왕실의 색이고 권력의 상징이기 때문에 자금성의 모든 지붕은 노란색으로 칠했어요! 검은 지붕으로 된 곳은 도서관이랍니다. 지붕의 색은 화재로부터 보호한다는 상징적인 의미를 지니고 있어요. 검정색은 동양 철학에서 물을 의미하거든요.

> 마침 날개가 아픈데 용이 나 대신 잘 날아 주고 있어!

용과 용 장식

자금성 태화전에는 황금 왕좌가 자리해요. 고대 시대부터 중국에서 용 문양은 오직 황제만이 사용할 수 있으며 황제의 상징이었어요. 태화전은 만삼천 개의 용 장식으로 꾸며졌답니다. 엄청난 숫자죠!

방화벽

자금성은 나무로 만들어졌어요. 그런데 어떻게 수백 년 동안 유지될 수 있었을까요? 자금성에는 불을 막아 주는 방화벽이 있어요. 게다가 자금성의 모든 안뜰에는 물을 가득 채운 커다란 청동 용기를 두었지요. 겨울에는 물이 얼어 급할 때 사용할 수 없을까 봐 청동 용기를 데워 놓곤 했어요.

알람브라 궁전
그라나다
1238~1358

필립과 립은 계속 날았어요. 바람이 필립의 지친 날개를 어루만져 주었고 태양이 환하게 길을 밝혀 주었어요. 비는 정신을 맑게 해 주었지요. '여기가 어디지?' 필립은 동양적인 벽을 향해 내려가며 생각했어요. 그들이 도착한 곳은 스페인이었어요. 알람브라 궁전에 온 걸 환영해요!

붉은 요새

알람브라는 아랍어로 '붉다'라는 뜻이며 궁전과 성곽으로 이루어졌어요. 그라나다에서 머물던 아랍 군주의 저택이었으며 현재는 이슬람 건축 박물관으로 쓰이고 있지요.

> 아주 크고 붉은색 궁전이야. 가까이 가 보자.

에메랄드 속 진주

알람브라는 엄청난 요새로 감싸 있어요. 필립은 군사 시설인 줄 알았던 이곳이 궁전이라는 사실에 놀라고, 아름답게 꾸며진 실내를 보고 더욱 감탄했지요. 알람브라는 아름다운 꽃, 풀, 진귀한 나무, 멋진 분수와 작은 폭포들로 가득 찬 정원에 둘러싸여 있어요. 무어인 출신 시인들이 이곳을 에메랄드 속 진주라고 표현한 이유를 잘 알 것 같죠?

궁궐의 내부

사자의 궁
대사들의 방- 왕이 방문객을 만날 때 사용하는 공식 행사장이에요.
두 자매의 방- 왕비와 왕의 여인들이 살던 곳이에요. 왕을 제외한 그 어떤 남자도 출입할 수 없는 공간이에요. 이런 공간을 '하렘'이라고 부른답니다.

텐트 속에 있는 기분을 즐기고 싶어

곧은 대리석 기둥과 날렵한 아치형의 건물은 텐트를 연상시켜요. 외부는 평평하게 만들었고 내부는 웅장함을 위해 고도 차이를 이용했어요. 벽은 금장식과 기하학적인 직선, 덩굴무늬를 교묘하게 배열한 아라베스크 양식으로 화려하게 꾸몄어요.

> ! 알람브라는 유네스코가 지정한 세계 문화유산이에요!

사자의 중정

궁전에는 여러 개의 연못과 분수가 있어요. 그중 하나가 사자의 중정(건물과 건물 사이에 있는 마당)에 있는 분수예요. 열두 마리 사자 조각상이 받치고 있지요. 열두 마리 사자의 입에서 물이 흐르는데 이것은 이슬람교에서 말하는 생명의 근원인 '12황도'를 의미해요.

← 장식 문양

1000+1의 아름다움

정원, 사자의 중정, 대사의 방, 두 자매의 방, 사자의 궁 등 모두가 이슬람 예술을 잘 보여 주고 있는 공간이에요. 이곳을 걸어갈 때는 주의해야 해요. 천일야화라고도 부르는 아라비안나이트처럼 으스스한 느낌이 들거든요.

천연 석고로 만든 분수대

사자들 틈에서 목욕하려면 용기가 필요해!

신기한 건물들
오하이오주

1972~1977

여러분은 커다란 바구니 모양 건물을 본 적이 있나요? 변기 모양 건물은 본 적이 있나요? 없다고요? 필립과 립도 마찬가지랍니다. "조심해, 필립. 조심하지 않으면 이 신기한 건물을 보고 놀라 어지러워서 기둥에 머리를 부딪칠지 몰라." 그렇게 놀랄 필요는 없어요. 세상에는 재미를 위해 지은 신기한 건물들이 많으니까요.

바구니 광고

맞아요, 지금 보고 있는 건물이 바로 완벽한 광고 그 자체예요. 현대 사회에서는 광고를 빼놓을 수 없죠. 이 건물은 회사가 만들고 판매하는 제품처럼 생겼어요. 건물 주위를 돌아보면 갑자기 나도 바구니가 하나 있으면 좋겠다는 생각이 들 거예요. 참 기발하죠!

수수께끼 답을 알려줄까?

바구니를 살래요!

나도 바구니 하나 줘요!

저 건물이 바구니 모양 맞아? 아니면 내 눈에 헛것이 보이는 거야?

따뜻하고 편안한 바구니

바구니의 손잡이 무게는 150톤으로 세상에서 제일 큰 포유류인 대왕고래와 맞먹어요. 바구니 건물 안은 따뜻하고 편안해요. 하지만 건물 밖 손잡이 부분은 얼어 부러질 수 있기 때문에 조심해야 돼요. 손잡이가 부러진 바구니는 아무도 좋아하지 않으니까요.

수수께끼

세상에서 가장 큰 바구니는 1990년대 말 미국 오하이오주에 세워졌어요. 이곳은 무엇을 하는 곳일까요?

재미있는 사실 이 바구니 건물이 세상에서 유일하게 신기한 건물은 아니에요. 이따금 건축가들은 재미있는 일을 한답니다. 안 그러면 너무 지루하잖아요.

날아와 꽂힌 집
오스트리아 빈 - 에르윈 웜이라는 오스트리아 예술가가 만들었어요.

변기 모양 건물(해우재)
한국 - 똥 박물관이자 사단법인 세계 화장실 협회의 본사 건물이에요.

커다란 구두 집
미국 펜실베이니아주 - 누가 지었을까요? 구두 판매원이 지었대요. 재미있죠?

만약 우리 둥지가 장갑 모양이면 어떨까?

이 특이하고 신기하고 재미있는 건물은 필립에게 너무 벅찼어요. 헬렌이 감자나 바구니 혹은 이마가 불룩한 집을 만들어 달라고 하지 않기를 바랄 뿐이에요. 그런 둥지라면 감당 못할 테니까요!

보이는 게 다가 아니야

바구니 모양 건물의 내부도 진짜 바구니처럼 되어 있을 거라고 생각한다면 큰 착각이랍니다. 건물 내부는 다른 평범한 회사 사무실과 같아요. 실망했다고요? 하지만 일 층 로비는 아주 근사하답니다.

다음 중에서 정답을 고르세요.
1) 사과를 키우는 농장
2) 유기견 보호 시설
3) 바구니를 만드는 회사

일 층 로비

퐁피두센터
파리

1971~1977

필립은 파리에서 이상한 건물에 반했어요. 속이 겉으로 나온 것처럼 생긴 건물이었지요. 파이프, 전선, 에스컬레이터, 승강기와 같은 기본적인 요소들이 전부 자랑스럽고 당연하다는 듯 사람들을 향해 드러나 있었어요. 필립은 이 이상한 광경을 보고 고개를 저으며 옆으로 날아가다 튀어나온 파이프에 머리를 부딪칠 뻔했어요.

컬러와 파이프

현대적이고 특이한 걸 좋아하는 립은 이 건물이 마음에 들었어요. 립은 특히나 다양한 색에 관심이 많거든요. 퐁피두센터는 일곱 빛깔 무지개처럼 다채로웠어요. 파이프는 파란색, 노란색, 빨간색, 초록색인데 초록색 파이프는 물을 운반하고 에스컬레이터와 승강기는 빨간색이에요. 파란색은 에어컨용 파이프예요. 전기 장치는 노란색으로 칠했지요.

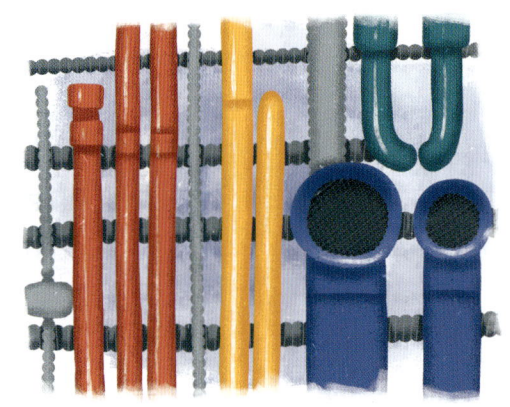

! 웅장한 퐁피두센터는 주변 건물보다 훨씬 높아요. 말이 많던 이 건물은 곧 관광 명소가 되었지요.

커피 한잔 할까요?

필립의 눈에 건물 안은 금속 조각을 쌓아 둔 것처럼 보였지만 이곳은 현대 미술 박물관, 도서관, 상점, 카페, 아이들을 위한 공작실, 회의실, 현대 음악 연구소이자 피카소와 같은 세계 유명 예술가들의 상설 전시장으로 사용되고 있어요.

누가 퐁피두센터를 지었을까요?

퐁피두센터는 이탈리아 건축가 렌조 피아노와 영국 건축가 리처드 로저스가 설계했어요. 이들은 최첨단 건축을 추구하는 사람들로 1977년에 퐁피두센터를 완공했답니다.

가장 높고 넓은 건물

이 건물은 축구 경기장 두 개를 합한 크기라 여러 축구팀이 와도 한 층을 다 즐길 수 있어요. 립은 신나서 이리저리 폴짝폴짝 뛰어다니다가 지치면 맛있는 커피를 마셨지요.

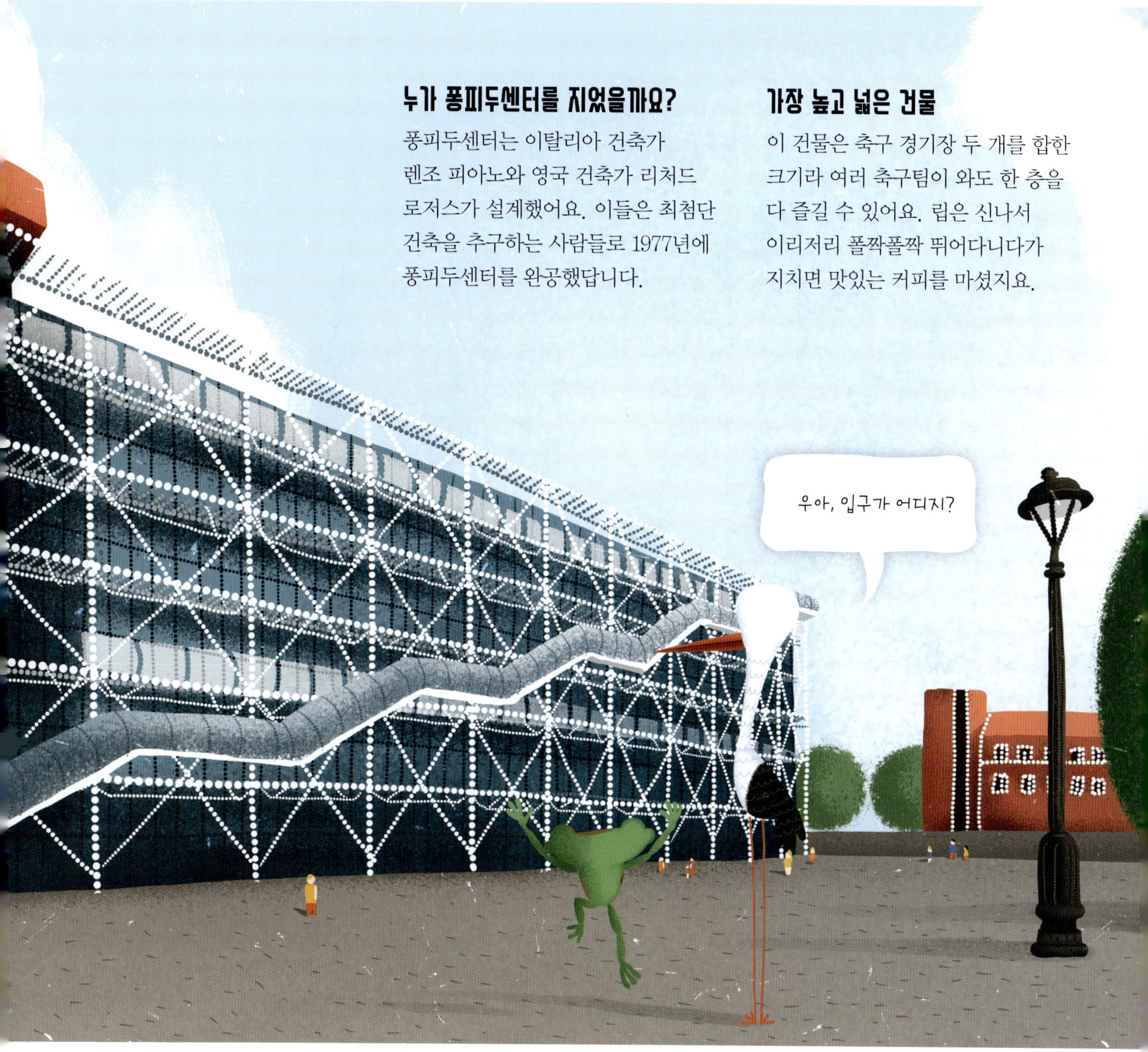

우아, 입구가 어디지?

최첨단 건축

이 건축 양식은 1960년대를 바탕으로 하고 건물에 기술과 기술적 요소들을 강조했어요. 기술적인 요인을 장식으로 활용한 거죠. 퐁피두센터 외부를 장식한 파이프만 봐도 알 수 있어요. 퐁피두센터는 누군가에게는 엄청난 분노를, 누군가에게는 엄청난 기쁨을 가져다주지요.

현대 VS 고전

립이 강철, 유리를 비롯해 모든 첨단 요소를 즐길 동안 살짝 보수적인 필립은 이 첨단 양식이 지겨워졌어요. 그래서 퐁피두센터와 가까운 지역에 있는 멋진 고딕 양식의 생 메리 교회로 날아가 잠시 마음을 진정시켰답니다.

41

마추픽추
페루

1430~1472

세상에서 가장 아름다운 건물을 찾기 위한 필립과 립의 여행은 아주 길어졌어요. 둘은 정해진 길을 따라 날았고 유명한 지역들을 찾아다녔지요. 그러던 어느 날 갑자기 길을 잃어버리고 말았어요. 곧 믿을 수 없이 멋진 풍경이 필립과 립 아래에 펼쳐졌어요! 이곳은 도대체 어디일까요?

어디로 가야 하지?
페루 안데스산맥의 무성한 정글은 길을 찾기 어려웠어요. 필립은 덜컥 겁이 났고 립은 진정하려고 애썼어요. 둘은 지도를 살피고 내비게이션도 활용했지만 실패였지요. 포기하고 정처 없이 날았어요. 그런데 운 좋게도 잉카 전설의 도시 마추픽추를 만나게 되었답니다.

산맥의 도시
마추픽추는 안데스산맥에 자리하고 있는 신비로운 유적지예요. 여러 신전과 궁전을 중심으로 잉카인들이 살았던 주택과 곡식이나 작물을 재배했던 계단식 경작지 등으로 이루어져 있지요. 산비탈을 계단처럼 깎은 경작지에 옥수수를 심었다고 해요.

어떤 재료와 어떤 방식으로 마추픽추를 지었을까요?
가장 오래된 잉카 건물은 시멘트와 모래를 물로 반죽한 모르타르 없이 돌을 촘촘히 쌓아 올렸어요. 벽돌집은 조금 더 후에 생겨났고 그 후의 건물은 거칠게 조각한 돌로 지었어요.

태양을 향하는 계단
마추픽추에서 가장 높은 곳에는 '인티와타나'라는 돌기둥이 있어요. 꼭대기에는 해시계가 조각된 기둥이 있지요. 태양의 움직임, 계절, 일식 등을 표시해요. 인티와타나는 잉카 제국의 공용어인 케추아어로 '태양을 끌어당기는 자리'라는 뜻이랍니다.

태양을 조금 더 가까이

돌로 쌓은 원형 성벽인 '태양의 신전'은 마추픽추에서 중요한 의식을 행하는 건물이에요. 높은 곳에서 보면 말굽 형태를 하고 있지요. 잉카의 태양신 인티에게 바친 건물이랍니다. 동지에는 햇살이 신전 창문을 통해 안에 서 있는 커다란 의식용 돌을 비추지요.

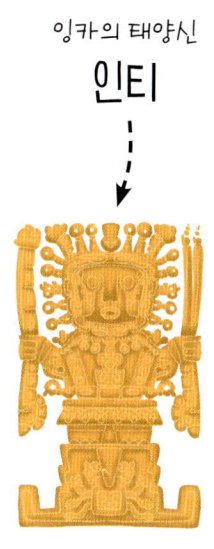

잉카의 태양신
인티

완벽하게 계획된 도시

도시의 거리는 가파른 계단식 경작지로 이어지도록 설계되어 산악 지역의 조건에 완벽하게 맞춰져 있어요.

신 혹은 인간?

잉카인들은 15세기 초반에 도시를 세웠어요. 비라코차 신이 이따금 돌을 가볍게 만들어 도왔다는 전설이 있어요. 그래서 아이들이 블록 놀이를 하듯 쉽게 쌓을 수 있었다고 해요.

그림을 그려야지.

> **!** 잉카 문명은 금속 도구를 쓰지 않았어요. 그럼에도 무거운 돌로 지은 건물이 아주 정교해요. 참 신기한 일이지요?

부르즈 할리파
두바이

2004~2009

립은 살면서 이렇게 높은 건물을 처음 봤어요. 폭이 좁고 높은 빌딩 입구에서 아무리 올려다보아도 꼭대기가 보이지 않았지요. 어떻게 그럴 수 있냐고요? 립은 지금 세상에서 가장 높은 건물 앞에 서 있기 때문이에요!

하늘로 향하는 엘리베이터

초고속 엘리베이터는 1층부터 최고층까지 약 1분밖에 걸리지 않아요. 부르즈 할리파는 세계 초고층 건물이에요. 사무실, 주거, 호텔용으로 건설했으며 내부에는 상업 시설, 거주 시설, 오락 시설 등을 포함한 대규모 복합 시설을 갖추고 있답니다.

부르즈 할리파

높이	829.84미터
층수	163층
에스컬레이터 수	8대
엘리베이터 수	57대

부르즈 할리파는 무너지지 않아요

부르즈 할리파는 세상에서 가장 높을 뿐 아니라 가장 안전한 고층 건물이기도 해요. 빌딩의 중추는 튼튼한 콘크리트로 되어 있어서 다른 고층 건물의 강철 뼈대보다 더 탄력이 좋답니다.

> 모르겠어. 내 눈에는 꽃이 아니라 고층 건물만 보이는걸.

에어컨이 없다면?

두바이는 아주 더운 나라예요. 그래서 고층 건물에 에어컨이 없으면 살 수 없어요. 이 높은 건물의 에어컨은 상당히 친환경적이랍니다. 에어컨이 공기를 위층까지 끌어 올렸다가 건물의 다른 부분으로 보내요. 열을 교환할 때 생기는 물은 탱크에 모아져 주변 공원에 뿌린답니다.

> 나 너무 더워.

세상에서 가장 높은 빌딩의 별명은 난초예요. 건축가가 난초처럼 보이도록 설계했어요.

난 모르겠어. 사람들은 왜 고소 공포증이 있는지. 높은 건 지극히 정상인데.

높게 더 높게

사람들은 부르즈 할리파보다 더 높은 건물을 세우려고 해요. 건축가들은 현재 1킬로미터 높이의 고층 건물을 지어 새로운 신기록을 세우려고 시도 중이랍니다.

누가 높은 곳을 무서워할까요?

부르즈 할리파의 창문은 24,348개예요. 가장 높은 층의 창문은 청소 전문가 중에서도 제일 용기 있는 사람만이 닦을 수 있어요. 강한 바람이 부는 곳에서 밧줄에 매달린 채 창문을 닦고 광을 내야 하거든요.

세계의 높은 건물들

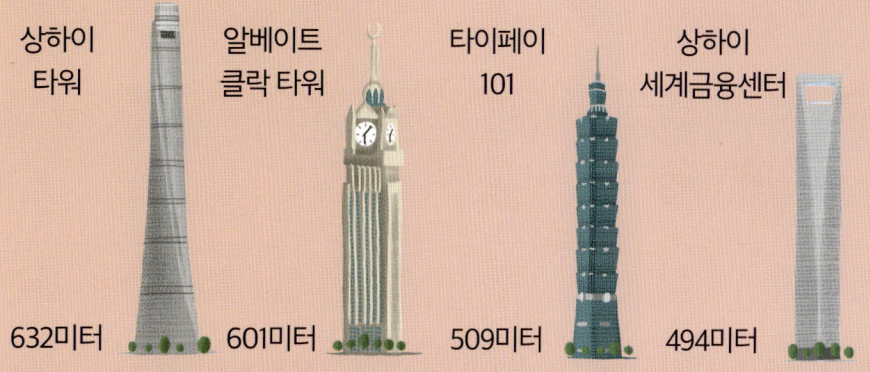

상하이 타워 — 632미터
알베이트 클락 타워 — 601미터
타이페이 101 — 509미터
상하이 세계금융센터 — 494미터

노이슈반슈타인 성
바이에른

1868-1892

루트비히 2세

세상에서 가장 아름다운 건물을 찾는 여행에서 필립과 립은 다양한 건물들을 만났어요. 그중 독일에서 본 건물은 숨이 멎게 아름다웠어요. 마치 동화 속 왕국에 들어왔거나 너무 피곤해서 헛것을 보는 것처럼 느껴졌지요. 여러분이 직접 보세요. 왕과 왕비, 아름다운 공주만 없을 뿐 동화 속에 등장하는 멋진 궁전의 모습 그대로니까요.

동화 속 왕

바이에른의 루트비히 2세는 19세기에 독일을 다스렸어요. 하지만 왕이 된 지 2년 만에 프로이센과의 전쟁에서 패배하여 주권을 잃고 이름뿐인 왕으로 전락했어요. 원래도 심약했던 왕은 고결한 왕들과 강인한 게르만족 신화 속 신들이 사는 바그너 풍의 세계에 틀어박히고 말았어요.

한 번의 입맞춤이면 난 왕이 될 수 있어!

극장에서 본 것처럼

무대 감독이었던 크리스티안 얀크는 독일의 호엔슈반가우 성이 내려다보이는 바위 언덕에 루트비히가 원하는 세계를 만들어 주었어요. 단순히 중세의 성처럼 지은 것이 아니라 로마네스크, 비잔틴, 고딕 양식이 한데 어우러져 있지요.

46

조금씩 전부 다

크리스티안 얀크는 용감한 기사, 성대한 경기, 우아한 숙녀와 연약한 공주에 관한 왕의 낭만적인 생각을 모두 고려해 설계했어요. 삼백 명의 일꾼들이 밤낮으로 쉬지 않고 성을 지었지요. 밤에는 등불 빛, 별빛과 달빛 아래서 일하며 왕이 하루라도 빨리 성에서 살 수 있도록 노력했어요. 그곳이 정말로 동화 속이라면 마법 지팡이를 휘둘러 뚝딱 성을 완성시켰을 텐데 말이에요.

> **!** 만화영화 제작으로 유명한 월트 디즈니는 노이슈반슈타인 성을 본따 디즈니랜드의 신데렐라 성을 세웠어요.

정말로 동화 속 같을까요?

루트비히 2세는 현대적인 걸 좋아했어요. 그래서 공기를 데우는 난방을 했지요. 중세 시대 기사들은 추위를 견디는 강한 남자들이에요. 얼음처럼 차가운 개울에 몸을 담글 수도 있었지요. 하지만 루트비히 2세는 수도에서 찬물과 더운물이 같이 나오는 걸 더 좋아했어요. 그는 전기초인종을 눌러 하인을 불렀고 성 안에 전화기를 설치해 하인이 식당으로 음식을 가져오도록 지시했어요. 외관은 중세지만 내부는 근대 문명을 갖추고 있었지요.

인공 동굴이 있다고?

왕의 집무실 근처에 인공 동굴이 하나 있었어요. 낭만적인 성은 평범한 벽돌로 지었지만 최대한 많은 건축 양식을 활용했지요.

집무실

루트비히 2세는 이국적이고 동양적이며 장식이 많은 비잔틴 양식에서 영감을 받아 자신의 집무실을 꾸몄어요. 필립과 립은 대리석, 야자수 형태의 기둥, 황금 서랍과 육중한 촛대가 사방에 있는 것을 보고 감탄했어요.

> 헬렌이 여기 왔으면 좋아했을 텐데…….

호주 오페라 하우스
시드니

1959-1973

필립과 립은 날고 또 날았어요. 그들은 수많은 건물, 길, 뾰족탑, 전망대를 지났고 어느 날 호주에 도착했어요. 그리고 시드니 해안가에서 커다란 흰 조개껍데기 모양의 지붕이 있는 신기한 건축물을 보았어요. 필립이 보기에는 조개껍데기 같았어요. 립이 배낭 밖으로 내다보니 돛을 펴고 다가오는 배 같았지요. 과연 어느 쪽일까요?

조개껍데기 속 극장

돛이든 조개껍데기든 중요한 사실은 이 아름다운 건축물이 오페라 하우스라는 거예요. 호주를 대표하는 건축물이죠. 다섯 개의 커다란 홀, 전시관, 녹음실, 큰 도서관, 식당, 술집을 비롯해 세상에서 가장 큰 기계식 파이프 오르간이 있는 곳이기도 해요. 이 모든 것들이 오페라 하우스의 흰 지붕 아래에 사이좋게 모여 있답니다.

배가 아니라 조개껍데기라고!

오페라 하우스는 어떻게 지어졌을까?

1. **956년**- 국제 디자인 공모전이 시작되었어요!
2. **엄청난 관심**- 삼십이 개국에서 이백삼십삼 개의 디자인을 공모했어요. 놀랍죠!
3. **위원회의 엄청난 노력**- 그들은 가장 훌륭한 디자인을 찾았어요.
4. **우승자**- 덴마크 건축가 요른 웃손의 설계가 당선됐어요!
5. **1973년**- 오페라 하우스의 공식 개관식이 열렸어요.

오페라 하우스야, 안녕!

> 오페라 하우스는 유네스코 세계 문화유산에 등록되었어요. 그만큼 중요한 건축물이랍니다. 덴마크 건축가인 요른 웃손은 건축계의 노벨상으로 불리는 프리츠커 건축상을 받았어요.

무엇이 가장 튼튼할까요?

이가 빠진 자리에 가짜 이를 붙일 때는 가장 좋고 강력하며 접착력이 뛰어난 풀을 써요. 조개껍데기 모양의 지붕도 그런 방식으로 하나의 형태가 된 거예요. 정확히 말하면 강력한 접착제인 에폭시 수지를 사용했어요. 그러니 지붕이 무너질지도 모른다는 걱정은 하지 않아도 된답니다.

조개껍데기 지붕

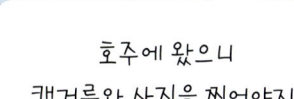

호주에 왔으니 캥거루와 사진을 찍어야지!

오페라의 영향

필립은 오페라 하우스에서 콘서트를 구경했어요. 립은 코미디를 즐겼지요. 호주를 떠나면서 필립은 이 아름다운 오페라 하우스에서 영감을 받아 가족의 둥지를 지으면 어떨까 곰곰이 생각해 보았답니다.

소문에 따르면

사실 처음에 디자인 공모전 위원회는 요른 웃손의 디자인을 생각하지 않았어요. 모두가 논쟁을 벌이고 또다시 토론했지만 우승자를 가릴 수 없었지요. 그러다 요른 웃손의 디자인이 떠올랐어요. 그래서 다시 자세히 살펴보았고, 아주 훌륭하다는 것을 알게 되었답니다.

49

피사의 사탑
피사

1173~1372

> 힘내! 아직도 기울었어!

와, 기울어진 탑이라니! 곧 쓰러질 것 같아요! 헬렌이 이걸 봤다면 곧바로 필립을 용서해 주었을 거예요. 그리고 모두가 이 기울어진 탑을 보고 놀라워하는 광경을 보았더라면 좋았을 텐데. 관광객들이 너도나도 사진을 찍어 댔어요. 자, 치즈, 찰칵!

웅장한 종탑

이 비스듬한 탑은 사실 두오모라고 하는 피사 대성당에 부속된 종탑이에요. 하지만 대성당보다 더 유명하지요. 대성당과 종탑은 피사가 사라센 제국과의 전쟁에서 승리한 것을 기념하며 지은 것이에요. 종탑은 1173년에 착공되었어요.

아케이드는 죽 늘어선 기둥 위에 아치를 연속적으로 만든 것을 말해요.

중요한 사실

공사는 세 차례에 걸쳐 진행됐어요. 공사 간격이 매우 길지요. 제1차 공사 후 탑이 기울기 시작하여 제2차 공사는 기울어진 각도에 맞춰 수정한 뒤에 시작했어요. 하지만 계속 기울었고 제3차 공사를 시작하게 되었지요.

> 아, 안 돼!

왜 기울었을까요?

탑이 세워진 토양이 가라앉으며 불안정해졌어요. 도시 전체가 석호 위에 지어졌기에 놀랄 일도 아니죠. 땅과 물길의 경계인 자리에 건물을 짓는다면 문제가 생기는 건 당연하답니다.

> 장담하는데 넌 못 고쳐!

기울었다고 나쁜 건 아니야

기울어진 종탑은 기적의 광장에 있어요. 필립이 하늘에서 보니 종탑이 광장에서 유일하게 기울어진 건물은 아니었어요. 우리는 이미 그 이유를 알고 있죠. 무른 토양 때문이라는 걸 말이에요. 필립이 특이한 걸 좋아하는 립에게 알려 주었어요. "기울었다고 나쁜 건 아니야." 립은 이렇게 대답했고, 곧 잠이 들었어요.

! 20세기 말 종탑이 조금 더 기울었고 당대 건축가들이 줄을 감아 바닥에 고정시켰답니다.

기울어진 탑

피사 대성당

종탑

조반니 피사노 - 탑의 영웅

13세기 조반니 피사노가 작업을 맡은 건 행운이었어요. 그는 경험이 많은 건축가여서 수치를 재고 평가하고 모든 것을 감안한 후에 건물을 지었거든요. 조반니 피사노는 탑 중심의 무게를 줄이고 기울어진 각도를 완벽하게 조절해서 탑이 서 있을 수 있도록 만들었어요. 아주 특이한 방식으로 말이죠.

건축가
조반니 피사노

투겐타트 별장

브르노

1929~1930

바이스 부부

그레테 바이스와 프리츠 투겐타트는 서로 좋아했어요. 아주 부자였던 두 사람은 함께 살 집을 짓기로 했어요. 두 사람이 생각한 집은 평범한 주택이 아니랍니다! 아름답고 산뜻하며 놀라운 집이었어요. 두 사람은 영감을 얻을 곳을 찾아보고 건축가를 생각했어요. 그들이 찾은 건축가는 탁 트인 공간감을 좋아하는 독일 출신의 건축가 미스 반 데어 로에였어요.

건축가
미스 반 데어 로에

브르노가 내려다보이는 전망을 지닌 별장

미스 반 데어 로에는 집을 지을 땅을 찾고 설계에 들어갔어요. 2년 뒤 3층으로 된 투겐타트 별장이 자랑스럽게 세워졌어요. 오르막에 자리한 정원은 체코의 도시를 완벽하게 내려다볼 수 있게 해 주었지요. 반짝이는 평평한 지붕과 흐르는 듯한 공간은 기능주의 건축의 대표적인 예라고 볼 수 있어요.

기능주의

기능주의는 건축 양식의 하나로 건축의 형태는 그 목적과 기능에 따라 설계되어야 한다는 태도를 가져요. 기능주의 건축 요소에는 기둥, 정원으로 사용할 수 있는 평평한 지붕, 벽으로 나누지 않은 개방 공간, 긴 벨트형 창문, 개방형 정문 등이 있어요.

> 돈이 있다면 투겐타트 별장을 하나 더 짓고 싶어.

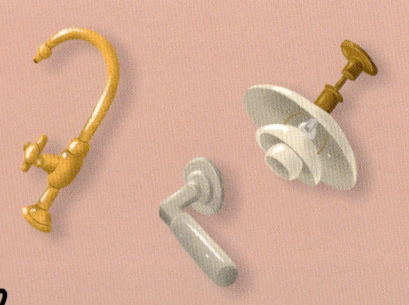

디테일이 중요해

미스 반 데어 로에는 처음부터 이 저택에 관해 아주 분명한 개념을 가지고 있었어요. 세부적인 것 하나까지 계획해 두었기에 문손잡이부터 가구까지 전부 디자인했답니다. 정말 대단하죠?

부자라면

투겐타트 별장을 짓는 데 우리나라 돈으로 약 2억 6000만원이 들었어요. 알다시피 이 부부는 돈이 많았지요. 당시에 이 돈이면 일반 주택 서른 채를 짓고도 남았답니다.

모피용
금고

투겐타트 별장의 특별한 점

길고 높은 문이 천장까지 닿을 정도예요. 거실을 둘러싼 광택이 나는 벽은 바닥으로 이어지고 정원으로 연결되지요. 벽은 햇살을 받으면 붉은색으로 바뀌었지요. 모피를 넣어 두는 특별한 금고도 있었어요. (필립은 이 점이 좋았어요. 헬렌을 위해 이런 공간을 지어 줄 수 있을까요? 우선 금고에 넣어 둘 것을 선물해야겠어요.)

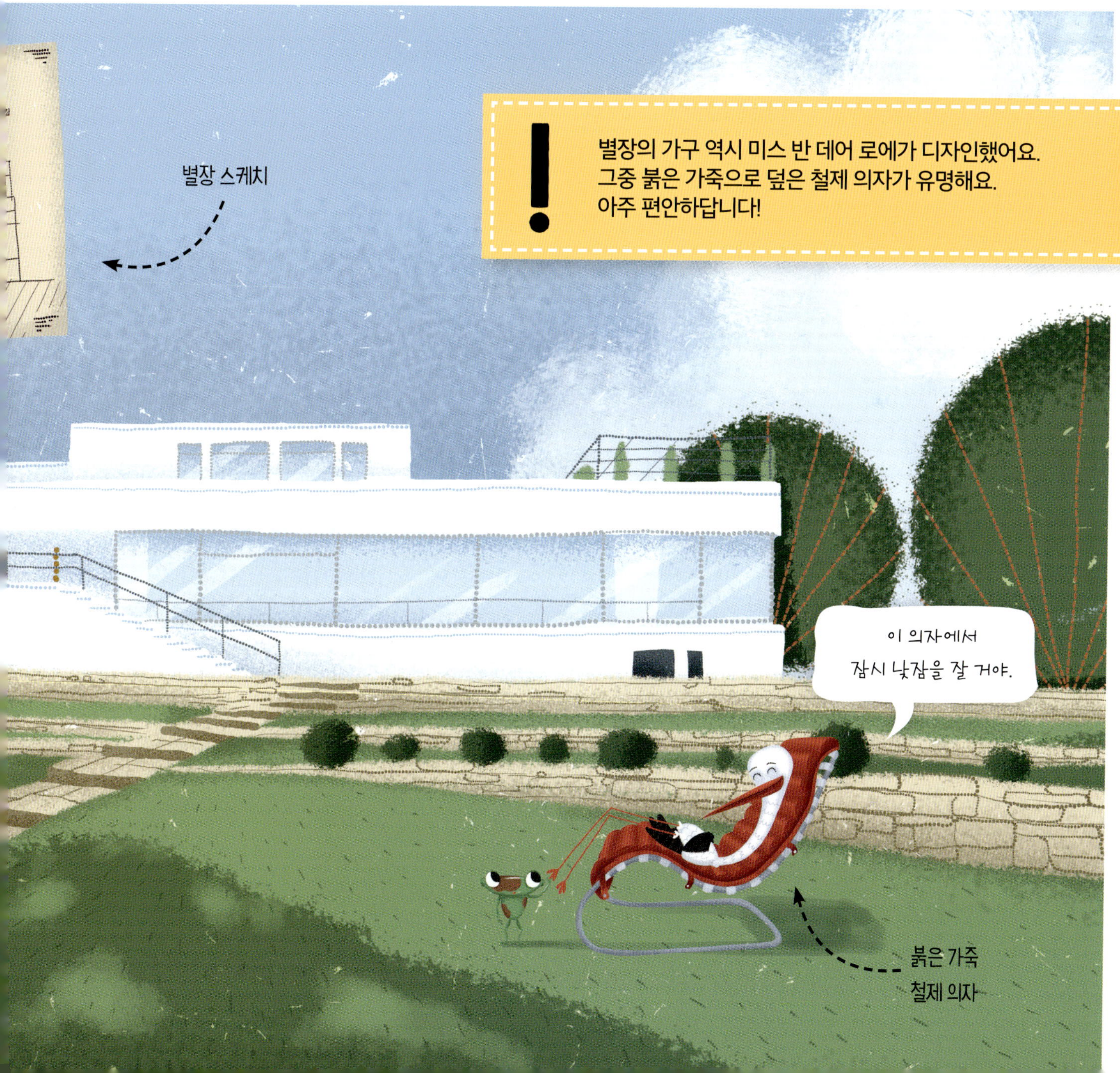

별장 스케치

! 별장의 가구 역시 미스 반 데어 로에가 디자인했어요. 그중 붉은 가죽으로 덮은 철제 의자가 유명해요. 아주 편안하답니다!

이 의자에서 잠시 낮잠을 잘 거야.

붉은 가죽 철제 의자

66번 국도
시카고 ~ 로스앤젤레스
1920년대

립은 오토바이를 좋아해요. 빨리 달리면 바람에 머리를 식힐 수 있고, 천천히 달리면 오토바이에 앉아 경치를 감상할 수 있거든요. 엔진이 부릉부릉 경쾌한 소리를 내고 햇살이 얼굴을 비추면 마치 왕이 된 기분으로 주변의 시선을 즐기지요. 립은 오토바이를 타고 낭만을 즐기고 싶었어요. 그래서 황새 필립을 데리고 전설적인 66번 국도로 향했어요.

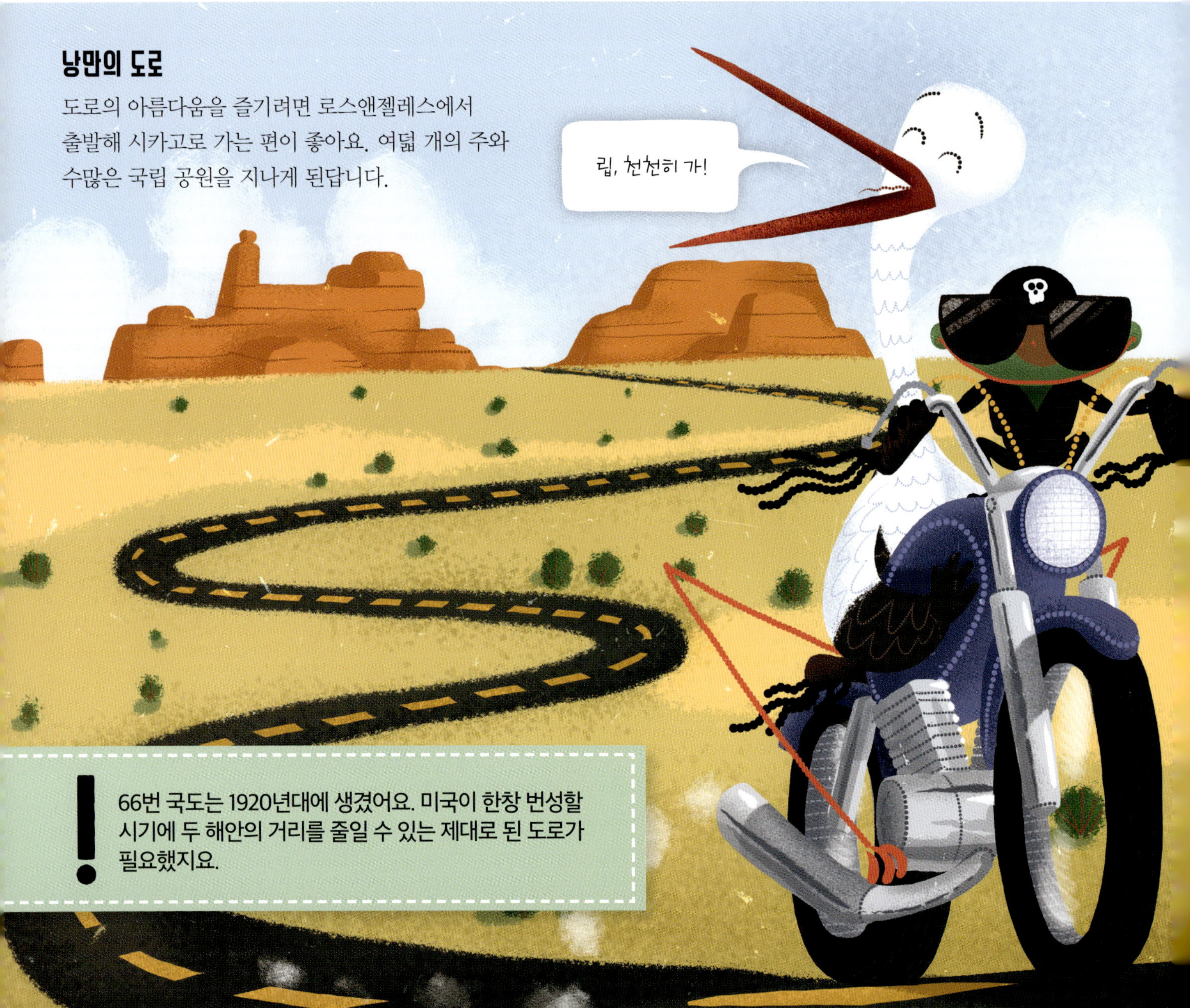

낭만의 도로

도로의 아름다움을 즐기려면 로스앤젤레스에서 출발해 시카고로 가는 편이 좋아요. 여덟 개의 주와 수많은 국립 공원을 지나게 된답니다.

> 립, 천천히 가!

> 66번 국도는 1920년대에 생겼어요. 미국이 한창 번성할 시기에 두 해안의 거리를 줄일 수 있는 제대로 된 도로가 필요했지요.

용감한 사람만

이 도로를 지날 때 가끔 공포 영화 속 한 장면에 들어와 있는 느낌이 들어요. 특히나 버려진 모텔을 만날 때 말이에요. 하룻밤을 묵어야 한다면 음식을 챙겨 주는 사람도 없고 아무것도 없는 텅 빈 방에서 자야 해요. 이 66번 국도에 귀신이 나올까요?

← 버려진 주유소

왜 66이라는 숫자가 붙었을까요?

원래는 60으로 하려고 했어요. 그런데 이미 60번 국도가 있었어요. 그래서 60과 가장 비슷하고 외우기 쉬운 번호를 찾다 보니 66이 나왔고 그렇게 결정이 되었답니다.

바쁜 도로

66번 국도는 제 몫을 다 하고 1985년에 생긴 현대적인 도로에 자리를 내주었어요. 이후 이곳은 오토바이족, 자동차 동호인과 진짜 미국을 탐험해 보고 싶은 사람들에게 개방되었답니다! 많은 영화와 뮤직비디오의 배경이 되기도 했어요.

가자, 더 나은 도로로!

시간이 흐르며 도로의 정체가 심해졌어요. 66번 국도도 마찬가지였지요. 더 이상 66번 국도는 많은 고속도로들과 경쟁할 수 없게 되었어요. 고속도로에는 자동차, 버스, 트럭, 화난 운전자와 활발한 오토바이족들로 꽉 찼으니까요.

← 클래식 자동차

내가 이 차 운전하는 걸 헬렌이 봤다면 정말 놀랄 텐데!

아, 옛날이여

이 도로에 시간이 멈춘 건 잘된 일이에요. 오래된 도로 표지판, 식당, 호텔, 마을, 간판들이 옛날 영화를 떠올리게 해 주거든요. 66번 국도에 들어서는 순간 완전히 다른 추억 속 미국에 와 있는 기분이 들 거예요. 그게 이 도로가 유명한 이유랍니다.

타지마할

아그라

1632~1653

멋지고 부드럽고 우아한 이 건축물은 마치 공중에 떠 있는 듯 멀리서도 눈에 들어와요. 필립은 아름다움에 반해 하늘에서 떨어질 뻔했어요. 필립과 립은 지금 인도 아그라에 위치한 타지마할 위를 날고 있답니다.

공주를 위해 지은 건물

웅장한 궁전처럼 보이는 타지마할은 공주를 위해 지어졌어요. 하지만 이 건물은 궁전이 아닌 묘지예요. 남편이 사랑하는 아내를 기리며 깊은 슬픔을 담아 세운 것이랍니다.

위대한 사랑 이야기

샤 자한은 아내 뭄타즈 마할을 진심으로 사랑했어요. 두 사람의 사랑으로 열네 명의 자식이 태어났지요. 하지만 뭄타즈 마할은 마지막 자녀를 출산하다가 숨을 거두고 말았거든요. 절망에 빠진 황제는 아내를 위해 아무도 넘볼 수 없는 기념비를 세우기로 했어요. 두 사람의 영원한 사랑의 메시지가 담긴 건물을 지은 거예요.

물 위에 비친 아름다움

기념비는 이국적인 정원 한가운데에 자리한 넓은 테라스 위에 네 개의 높은 뾰족탑과 함께 서 있어요. 연꽃 호수의 물길이 기념비로 이어지는데 호수는 아름다운 건물 전체를 수면 위에 고스란히 담아 보여 준답니다.

사랑해요.

립, 정말 완벽하지 않아?

꽃과 보석

필립은 타지마할에 완전히 반해 더 자세히 보려고 다가갔어요. 그리고 이 아름다운 건물의 흰 벽이 단지 흰 대리석으로 만들어진 것이 아니라는 사실을 알고 놀랐어요. 벽에는 벽옥, 연옥, 수정과 같은 보석이 박혀 있고 귀한 유색 광물과 장신구, 검은 대리석도 사용되었지요. 가장 많이 볼 수 있는 장식은 다양한 크기와 형태의 꽃과 꽃잎이었어요.

피에트라 두라

타지마할은 모자이크 형식의 일종인 피에트라 두라 기법이 사용되었어요. 대리석에 장식 문양을 조각하고 그 홈에 여러 색깔의 보석을 끼워 넣어 기묘한 색감을 내도록 한 것이지요. 피렌체에서 시작된 기법이랍니다.

인상적인 둥근 천장

! 타지마할은 태양의 움직임에 따라 색이 달라져요. 아침에는 분홍색, 낮에는 우윳빛이었다가 달이 뜨면 금색으로 빛나요.

뾰족탑

타지마할 안에는 무엇이 있을까요?

팔각형 무덤이 있고 수많은 부조로 장식된 큰 벽감과 기념비 중앙에 홀로 이어지는 문이 있어요.
세노타프는 상징적인 무덤이에요.

최고 중 최고

타지마할은 짓는 데 이만 명의 일꾼이 투입되었어요. 재료는 아시아 전역에서 코끼리 천 마리가 실어 날랐지요. 우스타드 아마드 로하리가 감독을 맡았고 최고의 건축가, 엔지니어, 조각가들이 함께했어요.

진짜 편안한데! 난 코끼리가 마음에 들어!

뭄타즈의 세노타프

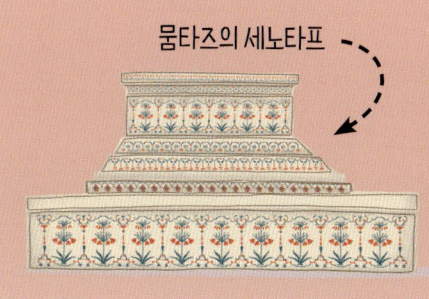

만리장성
중국

기원전 210~기원후 1620년

저 벽이 보이나요? 당연히 보일 거예요! 세상에서 가장 긴 건축물이니까요! 필립이 이와 비슷한 둥지를 짓는다면 헬렌이 좋아할 수도 있지만 그건 아무도 모르는 일이겠죠. 필립은 만리장성의 시작점부터 끝 지점까지 날아가는 것도 정말 힘들었어요.

! 만리장성은 열여섯 가지 다른 형태로 이루어져 있어요. 산, 강, 나무와 같은 자연환경과 잘 어우러지게 지었어요.

여기도 벽

더 많은 벽

감시탑

우리가 만리장성을 전부 다 볼 수 있을까?

자세히 보려면 더 빨리 날아야 해!

중국을 지켜라

이 기념비적이고 엄청나게 큰 구조물은 난폭한 훈족 침략자들로부터 중국 국경을 보호하기 위해 지어졌어요. 중화민국 첫 번째 황제 진시황의 생각이었죠. 사실 진시황은 작은 국가들을 통일해 하나의 국가로 만들 생각을 하고 있었어요. 그때가 기원전 221년 무렵이었어요.

◀---- 진시황

만리장성은 어떻게 지었을까요?

짓는 방법은 간단해요. 내벽과 외벽을 이루는 두 개의 기본 틀을 사용했어요. 이 틀을 벽돌과 돌로 채워 쌓았지요. 벽 사이의 공간은 흙과 자갈을 비롯해 쉽게 구할 수 있는 재료라면 무엇이든 집어넣었어요.

면세

만리장성을 짓는 일은 몇 번의 휴식기를 가지며 16세기까지 이어졌어요. 정말 많은 사람들이 작업에 참여했지요. 그래서 이런 말이 있었어요. "만리장성이 1미터 길어질 때마다 작업자가 한 사람씩 죽어 나갔다." 예전에는 중요한 방어 기지였던 이곳이 지금은 중국의 상징이자 대표 관광지가 되었답니다.

벽 ↓

만리장성의 기록

- 성벽의 길이 …… 6,350킬로미터
- 총 길이 ………… 21,196킬로미터
- 높이 …………… 평균 7.8미터
- 감시탑 간격 …… 180킬로미터

폴링워터
펜실베이니아
1936~1937

바람이 필립과 립을 펜실베이니아로 데려다주었어요. 숲이 울창하고 사람의 발길이 닿지 않은 자연이 매력적인 곳이었지요. 그런데 그 한가운데에 숨이 막힐 듯 멋진 저택이 서 있는 게 아니겠어요? 그것도 폭포 위에 말이에요. 거짓말이 아니랍니다. 그래서 이 집을 폴링워터라고 부르나 봐요.

최고의 저택

세상에서 가장 아름다운 집은 초보 건축가가 보는 교과서에도 등장해요. 폭포 위에 자리 잡은 폴링워터는 주변 자연 경관과 완벽하게 어우러져요. 단순히 자연 풍경을 바라보는 것보다는 그 풍경 안에서 살 수 있는 집을 원한 카우프만 가족에게 안성맞춤이었어요.

주요 건축 재료

폴링워터는 돌, 유리, 강철, 콘크리트로 지었어요. 대부분 자연석을 사용했으며 유리 벽은 실내와 숲 사이에 경계가 없다는 것을 강조했어요.

자연석

이 집은 누가 지었을까요?

1935년 피츠벅의 백화점 소유주인 카우프만은 건축가인 프랭크 로이드 라이트에게 휴양용 별장을 지어 달라고 의뢰했어요. 카우프만은 하천이 흘러 폭포가 되는 숲속을 라이트에게 보여 줬어요. 라이트는 아름다운 자연 경관에 감탄했지요. 그리고 아홉 달 동안 고민하고 또 고민하다가 어느 날 두 시간 만에 폴링워터의 디자인을 완성했어요.

건축가
프랭크 로이드 라이트

이리 와, 같이 수영해

야외 수영장도 이 저택의 일부랍니다. 이런 집에 수영장이 없다면 말이 안 되죠. 다만 수영장 물을 주변 개울물로 채운다는 점이 특이하답니다. 프랭크 로이드 라이트는 자연이 주는 선물을 제대로 이용했지요.

> ❗ 폴링워터는 아직도 가장 아름다운 별장이자 현대 건축사 최고의 디자인으로 손꼽힌답니다.

유기적 건축

유기적 건축은 프랭크 로이드 라이트가 새로 만든 건축 개념이에요. 유기적 건축이란 자연과의 밀접한 관계를 가지고 있으며 자연의 섭리, 그 단순함과 효율성에서 영감을 받은 건축 양식을 뜻해요. 건축물은 주변 자연 환경과 어울려야 하고 자리를 너무 많이 차지하지 않아야 하지요. 하지만 자연 형태의 모방은 아닌 자연과 함께 성장하는 건축 형식을 말한답니다.

머리를 조심해요!

폴링워터는 천장이 아주 낮아요. 실내에 너무 오래 머물지 말고 테라스에 나와 주위 경관을 즐기라는 뜻이 아닐까요?

완전히 사랑에 빠진 필립

필립은 유기적 건축을 보고 깊이 빠져들었어요. 펜실베이니아로 이사 와서 폴링워터에 둥지를 짓고 살고 싶다는 생각까지 들었지요.

집이야, 폭포야? 폭포가 있는 집이지!

장식용 폭포

폭포는 그저 장식이 아니라 이 집에 사는 사람들의 식수 공급원이기도 해요. 또한 거실에서 곧바로 폭포로 나가는 계단이 있어요. 집에서 컵 하나만 들고 나가 물을 받아 마시면 된답니다.

아야, 내 머리가 부딪혔어!

골든게이트 교
샌프란시스코

1933~1937

'내 앞에도, 뒤에도 안개가 자욱해.' 필립이 캘리포니아의 골든게이트 해협을 날아가며 생각했어요. 맞아요. 샌프란시스코가 눈앞에 펼쳐져 있지만 안개가 너무 자욱해 앞이 보이지 않았어요. 립은 도시로 가고 싶었어요. 어느 쪽으로 가야 할까요? 당연히 다리 위로 지나가야겠죠.

골든게이트 교

세상에서 가장 아름다운 다리이자 자유의 여신상과 더불어 미국의 상징이에요. 바람이 불어도 끄떡없어요. 가벼워 보이지만 수백만 톤의 강철로 만들었답니다.

해 보는 거야!

거센 바람이 얼굴을 사정없이 때려요. 이런 상황에서 작업자들은 작업을 계속해야 했죠. 솔직히 즐겁지는 않아요! 이런 다리를 만들 때 가장 힘든 부분이니까요. 당시 작업자들은 정말 많은 고생을 했답니다. 다리는 강한 바람, 바다의 조류, 지진에 대비하도록 설계되었어요.

엔지니어
조셉 스트라우스

누가 도움을 주었을까요?

조셉 스트라우스는 설계자이자 엔지니어로 모든 위험을 감안하고 설계했지요. 하지만 이런 프로젝트는 한 사람이 할 수 없다고 판단해서 젊은 건축가 어빙 머로우와 찰스 앨턴 앨리스에게 도움을 청했어요.

자동차와 걷는 사람들

운전자는 육 차선을 따라 샌프란시스코에 도착해요. 자동차가 없다면 자전거를 타거나 걸어서 가면 돼요. 다리의 어느 쪽을 선택하는지에 달렸어요. 왼쪽은 자전거 도로이고 오른쪽은 보행자 전용 도로랍니다.

굉장한 기록

1937년, 힘든 노동 끝에 마침내 다리가 완성되었어요. 완성된 하루만에 이십만 명의 사람들이 걸어서 다리를 건넜어요! 큰 도시 전체 인구에 버금가는 숫자지요!

황금 못

강철과 육십만 개의 광두정이 함께 다리를 지탱해 줘요. 작업자들이 다리에 마지막으로 박은 못은 황금으로 만들었어요. 하지만 금은 무른 금속이라 강철의 압력을 견디지 못하고 헐거워지더니 바다로 떨어졌지요. 그 후 더 단단하고 평범한 강철못으로 교체했답니다.

디자인 따로, 계산 따로

어빙 머로우가 다리의 형태를 잡고 찰스 앨턴 앨리스가 수치를 계산해 골든게이트 교가 탄생했어요. 번개, 비, 폭풍우에도 견딜 수 있는 우아한 다리가 되었죠. 다리의 길이는 약 2,800미터로 두 개의 붉은 탑과 케이블로 이루어져 있어요. 상당히 단순한 구조예요.

> 우리 걸어서 다리를 건널까?

> 난 오토바이를 타고 건너고 싶어.

여행을 마치며

어린이 여러분, 필립과 립이 길고 긴 여행을 끝마쳤어요. 필립은 마침내 낡고 오래된 둥지로 돌아왔지요. 필립과 헬렌이 얼마나 기뻐했는지 여러분은 상상이 가나요? 헬렌은 너무 반가워 사방으로 날개를 펄럭이며 필립을 맞이했어요. 그녀는 혼자 있는 시간 동안 외로워서 많이 울었거든요.

몇 가지 아이디어

필립은 헬렌에게 밤낮으로 여행에서 본 건축물의 모든 이야기를 들려주었어요. 그러는 동안 립은 둥지를 지을 재료를 모으고 계산하고 설계했지요. 립은 머릿속에 여러 가지 생각이 있었는데 어느 것을 골라야 할지 몰랐어요.

아무리 고쳐도 부족해

필립의 이야기는 끝나지 않을 것 같았어요. 어느 날 아침, 립은 혼자 둥지를 짓기 시작했어요. 자르고, 못질하고, 둥근 지붕을 얹고, 탑을 장식하고 기둥을 세웠지요. 모든 작업이 끝나고 립은 완성된 아름다운 둥지를 감상했어요. 어린이 여러분은 어떤 것 같나요?

최신식 둥지

고딕 스타일로 할까? 아니면 기능주의로 할까?

처음 지은 둥지가 가장 좋아

헬렌은 기울었어도 원래의 둥지가 가장 좋다는 것을 알게 되었어요. 피사의 사탑도 기울어져 있듯이 말이지요. 헬렌은 립이 만든 새로운 둥지로 이사 가는 것을 거절했어요. 필립은 립을 좋아하지만 헬렌의 의견에 동의했어요. 립의 취향이 좀 독특해서 말이에요.

건축물마다 사연도 건축 양식도 다르지만 오래도록 한자리를 지키고 있어요. 여러분은 어떤 건축물을 짓고 싶나요?

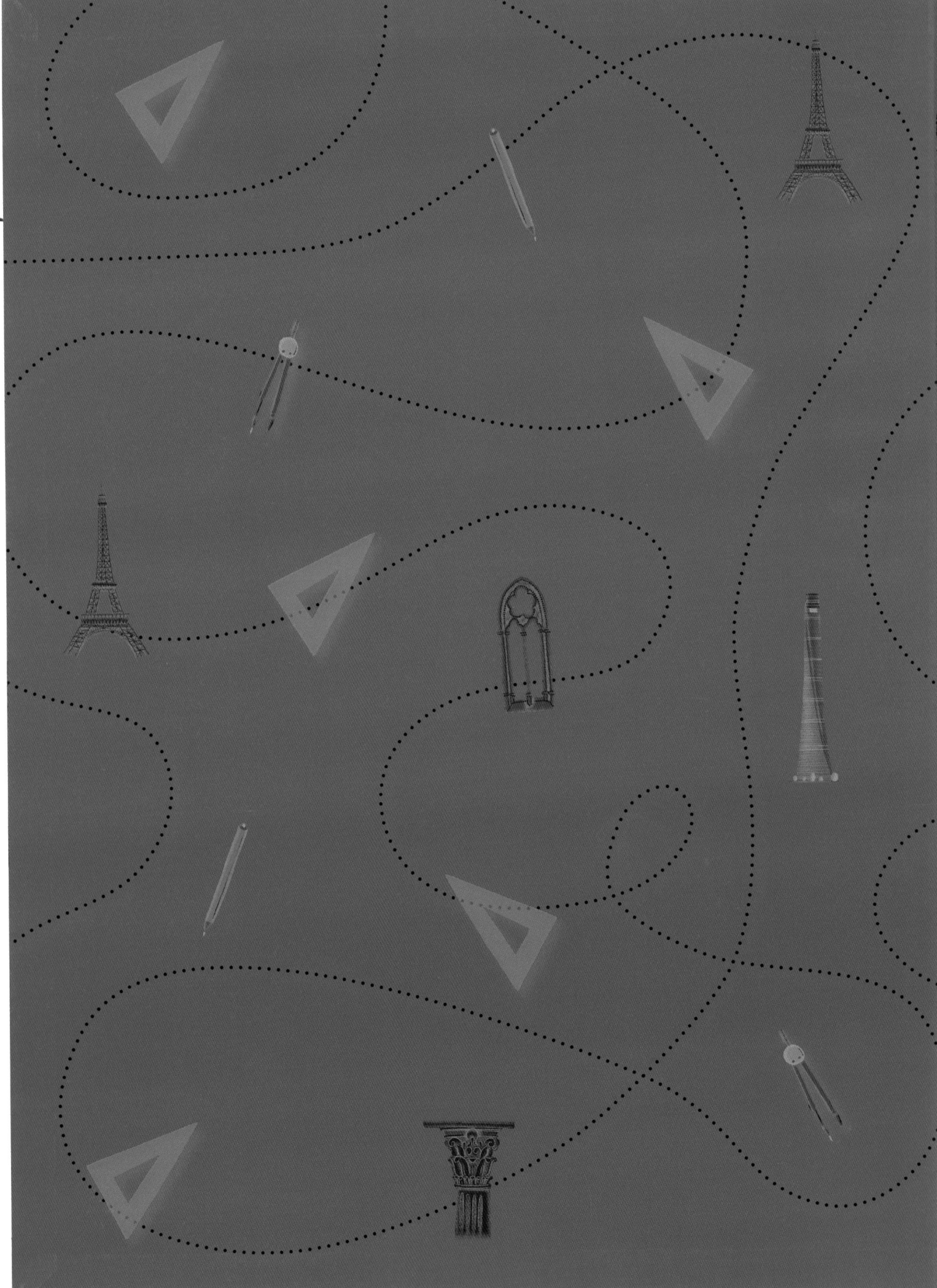